15歳で起業したぼくが社長になって学んだこと

正田圭
KEI MASADA

CCCメディアハウス

はじめに

「15歳で起業した」という僕の経歴を話すと、多くの人が「まだ子どもなのに！」と驚いた素振りを見せる。そのたびに、そんなに驚くことでもないだろうと感じてしまう自分がいる。

僕は、どこにでもいるごく普通の子どもだった。両親はサラリーマンと専業主婦で、自分に特別な才能があったとも思えない。むしろ、パソコンは苦手だし、社交性もないし、成績だって下から数えたほうが早いくらいだった。

そんな僕が中学生の時に取り組んだのが、「お金持ちになる」ことだった。子ども達が、野球やサッカーでプロの「スポーツ選手になる」ことに憧れて努力するのと同じように、ぼくは「お金持ちになる」ことに憧れて努力をした。

「プロアスリート」を目指すとなると、とてつもない努力が必要になることは誰もが理解している。お金儲けだって同じことだ。努力を積み重ねていかないといい結果を残すことはできない。15歳の僕は、たまたま「お金儲け」という道に進み、生き残れるよう必死に努力を重ねた。それはスポーツのプロの世界を目指して練習に打ち込む少年たちと全く同じだ。僕はプロの経営者になる道を選び、プロのアスリートが鍛錬に励むように、経営者としての技量をコツコツと高めていくことにした。

一般的な定義によると、今の僕は「超富裕層」の部類に入る。しかし、順風満帆なことばかりではなく、むしろ失敗や挫折が大部分だった。世間を知らず、詐欺にもあった。一時的に儲かったことで驕《おご》り、散財し、無駄な投資も繰り返した。実力不足で資金繰りの危機にも何度も陥った。僕がやってきたことのほとんどが失敗だったと思っている。

起業してから今までの間、予想のできないことばかり起きた。株取引から始まった僕の起業人生は、インターネット事業、飲食事業など様々な事業体を経験しながら現在のM&A事業に移っていった。

本書は過去15年間を振り返って書いたものだ。昔のことを思い出しながら執筆するのは、まるで過去の自分と対話しているようだった。

その過程で、昔の自分の未熟さや浅はかさ、そして頑固さに遭遇すると、昔の自分に教えたいことがたくさん出てきた。そこで、それらをコラムにまとめて、過去の自分に教える気持ちで今の自分の考えを要所要所にちりばめてみた。

いくつもの挫折を繰り返しながら、少しずつ成長を模索し続けてきたが、正直な話、僕はまだ本を書く器ではないと思う。会社が上場しているわけでもなければ、何か社会に大きく貢献できたわけでもない。何か信念があって会社を興したわけでもなく、ただお金儲けをしたいという願望だけで起業したのがコンプレックスでもあった。

しかし、僕の起業人生の節目には、必ずと言っていいほど本が存在した。悩みに暮れているときに本を読んで問題が解決したこともある。本から実際の出会いにつながった縁もある。苦しみながらも努力して成功を収めた経営者の本に勇気づけられたことも、数え切れないほどある。

起業家としても人間としても未熟な僕ではあるが、僕が本を書くことによって、たとえ一人にでもそうした影響を与えることができればと願って、初めての自著となる本書を書いた。

僕が起業を通して挑戦し、学んできたことが、ビジネスの世界の一線で戦っている人や、これから戦おうとしている人たちに、少しでも役立つことができれば望外の幸せである。

15歳で起業したぼくが社長になって学んだこと

目次

第3章 詐欺と裏切り

第4章

バブルの到来

第5章

模索と修業

装丁・本文デザイン　轡田昭彦＋坪井朋子
編集協力　野口孝行
校正　円水社

第1章

お金持ちになりたい！

大金持ちの同級生

中学3年の春休みのことだった。今考えても理由はよくわからないのだが、僕は父と2人でハワイに行くことになった。特に「連れて行ってくれ」とせがんだ覚えはない。親としてみれば、「中3になったのだから、息子をどこか外国にでも連れていってやろう」というつもりだったのだろう。

せっかくの海外旅行だったが、残念ながら僕の家には母親の旅費まで出せる余裕はなかったらしい。父と子の旅費は出せても、母の分までは出せない――これが当時のわが家の経済事情だった。

出発当日、僕と父は大きなトランクを引きずりながら、電車に乗って名古屋空港へと向かった。母だけが日本に残るという事情はあったが、中学生が春休みにハワイに行けるというのはかなり恵まれていると言ってよかった。そんな幸運を実感しつつ、僕は数日前から浮き立つような気分に浸っていた。

空港に到着し、出国手続きを終えると、すぐに搭乗ゲートに向かった。その途中、僕はクラスメートの山下（仮名）にばったり出くわすことになる。

山下が春休みにハワイに行くということは、すでに学校で聞いていた。しかし、まさか同じ日の出発になるとは想像していなかった。


搭乗時間が来るまで、僕たちは免税店をのぞくことにした。

だが、どこも高級ブランドを扱う店ばかりで、どの値札を見ても、僕の小遣いでは手が出せないものばかりだった。そのときに僕が持っていたお小遣いは3万円。この額で買えるものもあったが、仮にここで使ってしまえば、ハワイで何も買うことができなくなる。

（高いものばかりだな）

グッチの店に入り、値札をめくりながらそうつぶやいていた僕だが、隣にいた山下はそんなことはちっとも感じていなかったようだ。その証拠に、おもむろにサングラスを手に取った彼は、値札もろくに見ずにレジのほうへ向かった。

彼が携行している荷物はとても少なかった。ほとんど手ぶらに近い状態である。そのわけを聞いてみると、「だって、必要なものは現地調達すればいいじゃん」ということだった。

レジの前の山下は、財布の中から無造作に数万円を取り出すと、ためらいもなくカウンターの上に置いた。もし僕があのサングラスを買ったら、ハワイで使う小遣いは一気になくなってしまうことになる。僕にしてみればそれほど大きな買い物を、山下はこともなげにしているのだった。

山下の家がお金持ちなのは、そのときになって知ったことではなかった。彼の父親は会社を経営しており、その会社は一部上場していると聞いていた。

お金があれば何でも有利になる

買い物をすませた山下と別れ、僕は搭乗口の近くのイスに腰をかけ、窓の外を眺めていた。搭乗時間がやってくると、まずはファーストクラスの乗客たちが優先的に飛行機の中へ入っていく。エコノミークラスの僕と父は、先に機内へと向かう山下たちの背中を見送った。

飛行機が無事離陸し、しばらくするとシートベルト着用のサインが消えた。飲み物のサービスも終わり、音楽でも聞こうかと思っていると、こちらに向かって歩いてくる山下の姿が見えた。

エコノミーのシートを物珍しそうに眺めながら、山下は僕のところで立ち止まる。

「ここ、座ってもいい?」

エコノミーに乗ったことがないという彼は、空席になっている隣のシートに座ると、「思ったより、悪くないね」と言った。

山下と僕の感覚は、何もかもが違っていた。家族全員で海外旅行に行くとなれば、子どもにとっては大きなイベントであるはずだ。だが、山下や彼のお兄さんはあたかもどこか近所に出掛けるように振る舞っており、特別な様子を見せることは一切なかった。

実のところ、僕の中学では山下のような人間は少数派ではなく、とてつもないお金持ちの子どもたちが数多く在籍していた。

例えば、僕らが通っていた中学に入学するだけの学力がないのにもかかわらず、「親が1000万円ほど寄付をしたから入学できたんだ」と恥ずかしげもなく公言する同級生がいたりする。

また、ある同級生の家では、姉を都内の超難関私立大学に入学させるために、その大学の海外付属校にわざわざ留学させていた。聞けば、国内にある付属校に入学するとなると相当の学力が必要となるが、海外の付属校への入学は国内校に比べるとそれほど難しくないという。しかも、一度入学してしまえば、その後はエスカレーター式になるため、試験を受けずに大学に入学できるとのことだった。ただし、入学金、授業料、滞在費を賄わなければならないので、かなりの財力が必要となる。

（お金さえあれば、こういった〝裏技〟を使うことができるんだ……）

同級生たちの話を聞きながら、こんな気持ちにさせられることがよくあった。


僕と山下が通っていた学校では、毎年春休み明けに実力テストが行われた。そんなこともあり、山下はハワイ旅行に参考書を持ってきていた。それらを機内で見ていると、どれも値段の高い参考書ばかりであることに気がついた。

毎月少額の小遣いしかもらえない僕は、欲しい参考書があってもいつも周到に吟味してから買わなくてはならなかった。だが山下は、そんな苦労をしたことは一度もないに違いない。僕と山下の間には、経済的な面での大きな格差が存在していた。

「金持ち父さん」と「貧乏父さん」

長い時間話をしたせいで疲れたのか、眠くなったといって山下はファーストクラスに戻っていった。

日本を出発したのは夜だったので、すでに深夜の時間帯になっている。窓側のシートを見ると、父は毛布を被ってすでに眠っていた。一方の僕は、興奮しているせいか目が冴えてしまい、とても眠る気にはなれなかった。

何気なく父のシートの前に目をやると、1冊の本が差し込んであるのが見えた。おそらく飛行機の中で読もうと父が持ち込んだものだろう。最初の数ページだけを読み進めたところで睡魔に襲われ、本を閉じて寝てしまったようだ。

「何の本だろう？」

気になった僕は、手を伸ばしてみた。その本は、中学生にとっては少し大き目に感じるサイズで、しかもかなり厚めだった。タイトルを見ると、「金持ち父さん 貧乏父さん」と書いてある。表紙にはイラストが描いてあり、親しみやすいデザインになっていた。

本を開いてみると、細かい字がびっしりと詰まっている。それを見て一瞬ひるんだが、ハワイに着くまで何もすることがなく、タイトルに引き付けられたことも手伝って、僕は思い切って最初から読んでみることにした。


僕はその本の内容に釘付けになり、ハワイに到着するまでに最後まで読み終えてしまった。

『金持ち父さん　貧乏父さん』（ロバート・キヨサキ著、筑摩書房刊）には、お金について興味深い事柄がたくさん書かれていた。もちろん、中学生だった自分には理解できない部分もあったが、一気読みしてしまうほどの面白さがあった。

本を読み終えて感じたのは、「学校の勉強だけができても駄目なんだ」ということだった。そんなことを思ったことはそれまでに一度もなく、自分にとって衝撃的な「気づき」だったと言ってよかった。

当時の僕は、周囲の環境の影響もあり、幼いながらも「将来は絶対にお金持ちになりたい」という気持ちを抱いていた。そのための近道として考えていたのが、弁護士になることだった。弁護士になれば、きっとお金持ちになれるだろうと思っていたのである。それを実現するには、学校の勉強をがんばり、高校卒業後は東大法学部に入学することが欠かせないと単純に決めつけていた。

ところが『金持ち父さん 貧乏父さん』を読んだことで、本当のお金持ちになりたいのであれば、学校の勉強をするだけでは不十分である、ということがなんとなく実感として理解できてしまったのだ。

たった1冊の本を読んだに過ぎないが、それまでとはまったく異なる考えを持つようになってしまったことに、僕は驚きを隠せなかった。

隣の席を見ると、父はまだ眠っていた。僕のためを思い、ハワイ旅行を計画してくれた父だった。いつもまじめに働き、家族を養ってくれている。感謝するほかないのだが、その一方で、自分の父親は本の中に登場する「貧乏父さん」と同じだと思った。事実、僕の家ではお金の話をすることはほとんどなく、お金儲けは「悪」とまでは言わないが、お金が一番大事なわけではないという考え方をする家庭だった。おそらく、日本ではこういう家が大多数を占めているのではないだろうか。僕の家も、そうしたありふれた家庭のひとつだったのだ。

僕は気持ち良さそうに眠っている父を眺めながら、「こんないい本があるのに、最後まで読まずに寝ているから『貧乏父さん』になっちゃうんだよ」と、文句のひとつも言いたい気分になっていた。

ハワイに到着後、僕と山下は2日ほど行動を共にした。そしてその間、僕は彼との格差をひたすら見せつけられることになる。

例えば、海に遊びに行くと山下が言うので、「じゃあ、一緒にワイキキにでも行くか」と考えていると、「ワイキキは観光客でごった返しているからな。ウチの別荘にはプライベートビーチがあるから、オレはそっちに行くよ」という答えが返ってきたりするのだ。

しかも、ビーチで寝転んだり、泳いだりするだけでなく、サーフショップでボディーボードを買って遊ぶという。加えて、別荘の敷地には専用のテニスコートがあって、そこでテニスをするらしい。

観光客がハワイでボディーボードやテニスをやろうと思ったら、余計なお金がかかってくる。僕には到底できない遊びだった。それを山下はいとも簡単にしてしまうのだ。彼の話を聞きながら、ただただ唖然とするほかない僕だった。

ハワイ滞在はあっという間に過ぎ去っていった。『金持ち父さん 貧乏父さん』を読んだことや、山下と時間を過ごしたことが影響して、帰りの飛行機の中で僕は「お金」のことばかり考えていた。

（いつか金持ちになり、好きなものを好きなだけ買えるようになってみたい）

この思いはいつまでも僕の頭から離れなかった。

このときの旅行が自分の考え方に与えたインパクトは非常に大きなものだった。今振り返ってみると、このときに経験したことがその後の僕の人生を大きく変えていったと言っていいだろう。

教育熱心な母親

1986年、僕はサラリーマンの父親と専業主婦の母親のもとに誕生した。

幼いころの記憶として今でもよく思い出すのは、母親が教育熱心だったことだ。当時は、子どもをKUMONに通わせる家が多く、僕も3歳のころからKUMONに通っていた。

そして、小学校4年生の時、父親の転勤で名古屋に引っ越すことになるのだが、そのころから「中学受験」という言葉を母親の口から耳にするようになったのだ。「幼稚園のときからKUMONにも行ってたんだし、小学校の成績も悪くないんだから、もったいない」というのが母の考えだった。

小学4年のときには母の言葉を聞き流していたが、無意識に耳に刷り込まれていったのか、5年生になると自分でも中学受験に挑戦してみるかという気持ちが強くなった。最終的に中学受験に挑戦することを決めると、僕は試験に合格するという目標を掲げて勉強に力を入れていく。

中学受験を成功させるためには、塾に通うことを考える必要があった。
僕の地元である名古屋は河合塾発祥の地であり、圧倒的な実績と人気を誇っている。とりわけ中学受験のための王道といえば、河合塾のグリーンコースに入ることだった。ただし、ここに入るためには入塾テストに受からなければならない。受験競争はすでに始まっていたのだ。

父親からはあまり感じたことはなかったが、母親からは、将来は弁護士か医者になってほしいという期待を感じることがあった。そうしたこともあり、たとえ経済的に苦しくなっても母親は僕を私立中学に入れたかったようだ。

半ば母親に背中を押される格好だったが、勉強は小さいころから嫌いではなく、抵抗を感じることはなかった。さらに、テストでいい点数を取ればおもちゃを買ってくれるという約束を交わしたことも相まって、僕は嬉々として机に向かった。

その後、難なく入塾テストにパスした僕は、5年生の4月から中学受験のために塾通いをすることになり、晴れて受験に合格すると、地元にある中高一貫校に通うことになったのだった。

珍しがられたユニクロのシャツ

進学した中学校では、すぐに友だちを作ることもでき、楽しい日々を過ごしていた。入学当初はあまり気がつかなかったのだが、中学2年の途中ぐらいになると、同級生たちの家がお金持ちばかりだということを実感する機会が増えていった。

1年生のころはまだ幼いせいもあって、彼らの持ち物などに関心を払うこともなかったのだが、思春期に入った2年生のころから身の回りのことが気になり始め、同級生の持ち物や着ている物に意識を向けるようになった。このことがひとつのきっかけとなり、彼らの家がお金持ちだということに気がつき始めたのだ。

制服に関してはみんな同じものを着ているので大した違いはないのだが、ベルトやシャツを比べると明らかな違いを発見することができた。よく見てみると、彼らはさりげなくグッチのベルトをしていたり、バーバリーのシャツを着ていたりするのだ。通学用のカバンがエルメスやプラダということも珍しくなかった。何気なく机の上に置いてある筆箱がヴィトンだったりすることもあった。彼らの持ち物は、ことごとくブランド品で固められていた。

それにしても、彼らはいったいどうやってこれらのブランド品を手に入れているのだろうか。興味を持った僕は、何人かの同級生に入手方法を聞いてみることにした。すると、親が家族用のクレジットカードを貸してくれるので、それを使って好きなものを買っているとのことだった。

ちょうどそのころユニクロが全国的に有名になり始めていた。その流れに乗り、僕がいつも着ているシャツは母親がユニクロで買ってきたものばかりだった。彼らにとってはそれが珍しかったらしく、「ちょっと見せてくれ」とか「いくらくらいするのか」などとよく聞かれたことを覚えている。

中学生といったら、ナイキやアシックスといったスポーツブランドに興味を持つのが普通なのだろうが、周りがこんな状況だったので、僕は次第に高級ブランド品に関心を抱くようになる。だが、関心を持つだけで、それらを自由に買えるわけではなかった。

学校生活では、お金持ちでないと肩身の狭い思いをすることも多かった。

あるとき、校庭でサッカーをやろうという話になり、チーム分けをすることになった。すると、人数が1人余ってしまった。どうしようかと考えていると、あるお金持ちの家の先輩が、「じゃあ、一番貧乏な家のやつが抜けろ」と言って、僕の同級生を無理やり外してしまうということがあった。

そのほか、部活ではお金持ちの家の生徒が何かと優遇されるという風潮も根強かった。ある生徒のほうが試合での成績がいいのに、なぜかその生徒がレギュラーになれず、合宿先に大量の差し入れをした家の生徒がレギュラーに選ばれるというようなことが起きるのだ。それだけでなく、生活指導部の先生たちは、お金持ちの家の生徒に優しかったりした。

あるとき、校舎を建て替えるために学校側が寄付金を募ったことがあった。1口10万円ぐらいからの寄付で、出すか出さないかは任意とされていたが、出さない場合は理由を明確に述べなくてはならなかった。

とてもではないが僕の家は寄付をすることができなかった。そのせいで母親は何度か学校に呼び出され、「振り込みがまだのようなんですけど……」と寄付の督促を受けていた。任意のはずなのに寄付をしないと呼び出されるという、何とも理不尽な仕組みだった。

学校では、学費を払うのが困難な生徒に対し、奨学金の給付を行っていた。それはそれでありがたい制度だったが、手続きのために生徒を職員室に呼び出す際、「奨学金の件で話があるので、○○さん、○○さん、○○さんは至急職員室まで来てください」と校内放送で流されてしまうという仕打ちを受けなくてはならなかった。わざわざ奨学金のことに触れる必要はないと思うのだが、それを校内放送で公言してしまうため、誰が奨学金を受けようとしているのかが全校中に知れ渡ってしまうのだ。そうした無神経さが、いたるところでまかり通っていた中学だった。

中学生が不動産投資!?

中学生という多感な時期にこうした雰囲気の中で育っていったためか、2年生の終わりころからは「絶対に金持ちになりたい」という願望がいっそう強くなっていく。その思いはハワイ旅行を境に決定的なものとなった。

それまでは、「弁護士になれば金持ちになれるに違いない」という漠然としたイメージを抱いていた僕だったが、『金持ち父さん 貧乏父さん』を読んでからは、いい大学を出て弁護士になっても、必ずしもお金持ちにはなれないと考えるようになっていた。

お金持ちになるためには、ただ単に学校の勉強をするのではなく、お金についての勉強を意識的にしなくてはならない。『金持ち父さん 貧乏父さん』によれば、学校の勉強で身につく「リテラシー」ではなく、「ファイナンシャル・リテラシー」を高めることが大切だと書いてあった。この本にかなり感化された僕は、すでにいっぱしの知識を得たような気分になっていた。

本を通じてお金持ちになるための考え方に触れてからは、一刻も早く行動に出たくなった。ハワイにいるときから、僕は日本に帰ったら不動産投資をさっそく始めてみようと心に決めていた。

「金持ち父さん」の教えでは、自己資金だけで不動産売買をするのではなく、銀行からお金を借りて不動産を買い、それを担保に再びお金を借り、さらに投資を繰り返す方法が説かれていた。

帰国後、僕はすぐに書店に足を運ぶと、不動産投資についての書籍を立ち読みしまくった。そして、見よう見まねで資料を作り銀行に足を運ぶが、すぐに壁にぶち当たってしまう。

銀行に借り入れの申し込みをするには、収入証明書などの書類が必要だったからだ。たかだか中3の自分に、まともな収入なんてあるはずがなかった。結局のところ、不動産投資をするのは自分の年齢では無理だということがわかった。

だが、それがわかったからといって、すぐに落胆するようなことはなかった。むしろ、自分で情報を集め、目標に向かって積極的に行動を起こすことができたことにある種の達成感を覚えていた。そのことがなんとも言えず快感だった。お金儲けをする方法は、他にもいくらでもあるはずだ。僕は別の方法を探っていくことにした。

コラム① 学校の勉強は必要か？

起業するにあたっては、学歴は特に必要ないという考え方が、もはや定説になっています。学校の勉強ができてもお金持ちになれないというのは『金持ち父さん 貧乏父さん』の中でも語られているほどです。実際、中学生のころにこの本を読んだ僕は、「学校の勉強ができても意味はない」と考えるようになってしまったくらいでした。ただし、学歴、そしてそれにまつわる勉学は、決して無駄になるものではないと今は思っています。

例えばですが、基礎的な国語の能力がないと、プレゼン資料を作ろうにも正確な文章が書けませんし、わかりやすい説明ができないという支障が出てくると思います。相手によってプレゼンの内容や表現を変えなければいけないことなんてざらにありますが、これは国語の試験の「傍線部をわかりやすく説明しなさい」という問題と同じようなものです。

さらに、ファイナンスを考えるときには数学が必要不可欠となります。例えば、微分がわかっていたほうが操業度分析の理解は早いでしょうし、DCFなどの収益還元法を使うときや資本コストを考えるときも数列のお世話になります。そもそもビジネスには多くの変数が発生するため、変数を固定しながら場合分けをしなければなりませんが、これはまさしく二次関数や三次関数の問題を解くときの思考法です。

バイオ系のベンチャー企業への出資を検討する際に生物や化学の簡単な知識すらないと事業内容の理解に苦しみますし、海外のビジネスパートナーと取引する際にも、世界史の知識があまりにも抜けていると教養がないと見なされることもあります。

このように、学校の勉強はビジネスでも大いに役立つのです。

そういう僕自身も学校の勉強をないがしろにしていたため、今になって数学、英語、化学などの勉強をたびたびやり直すことになっていますし、学歴という観点からしても、大学卒業という学歴がないことで残念な思いをした経験もあります。

数年前のことですが、1つの会社を売却したところ、資金的にも時間的にも余裕が出てきたので、アメリカの大学でMBA（経営学修士）を取得しようと考えたことがありました。ところが、調べてみると、ビジネススクールに入るためには4年制大学の卒業資格が必要だということがわかったのです。この条件をクリアするために、4年制大学に入って卒業することも考えましたが、時間的なコストを考慮した結果、MBAの取得はあきらめることにしました。

MBAだけでなく、ある程度の学歴がないと取れない資格も存在します。例えば、社会労務士の資格は僕の学歴では取得ができないようです。

学歴、そして学校で学べる知識というのは、軽々しく見るものではないと思います。国語、数学、英語など、起業してからも必要になってくるものはいくらでもあります。日本の英語教育は話せるようにならず、読み書きしかできないなどと批判されますが、読み書きだけでもできれば非常にアドバンテージが高いと言えます。

これから高校や大学に入学するという人は、学校でしっかり勉強するといいでしょう。特に一般教養と呼ばれる課程は、社会に出て仕事をする際に必ず役に立ちます。僕は学生時代の最後のほうは仕事にばかり関心がいってしまい、学校もさぼりがちでしたが、僕のようにこうした基礎的な知識を蔑ろにするのは実にもったいないことなのです。

初めてのお金儲け

いきなり不動産事業の野望が打ち砕かれた僕は、もう一度「金持ち父さん」を読み直してみた。そこで目にしたのが、株取引だった。ちょうどそのころ、世間では、ネットを通じて株の売買ができるようになってきていた。『ダイヤモンドZA・i』『ビジネスチャンス』などのマネー誌でも、デイトレードが特集され始めていたころだ。僕はそうした本や雑誌を立ち読みし、知識をどんどん詰め込んでいった。

当時の僕には、数十万円の資金があった。

この資金の多くの部分は、学食で売られているフライドポテトの容器を集めて稼いだものだった。

そのからくりは、いたって単純だ。

学食で売られているフライドポテトには、容器代込みで200円という値段がついていた。その後、容器を返すと100円が戻ってくるというシステムになっていた。

あるとき僕は、この容器を返さずに集め続けたら、学食側は容器不足で悩むことになるだろうと思った。そうなれば、容器の回収率を上げるために、容器代を値上げすることになるのではないかと予想したのだ。

それ以降、僕はひたすら容器を集めまくった。お金持ちが多い学校のせいか、容器を返さずテーブルに置いたまま学食から出て行ってしまう生徒も多かった。そのほか、教室などで食べた後、学食に戻すのが面倒だと言って、容器をそのままにしてしまう生徒もたくさんいた。そんな生徒を見つけると、僕は50円で譲ってもらったりして、容器を少しずつ集めていったのだ。

僕はこの容器集めを密かに1年ほど続けていた。そして、容器の数は軽く1000個を超すまでに増えていた。

学食側は、僕が予想したとおり、容器不足に困り果てた挙句、容器代を100円値上げして200円とした。まさに待ち望んでいたことが起きた瞬間だった。

さっそく僕は保管しておいた容器を学食に持ち込み、換金してもらうことにした。ところが、学食側は容器代を支払うのを渋る気配を見せた。200円の容器が1000個以上あるとなれば、一度に20万円以上もの現金を用意しなければならないからだ。

かといって、こちらもこの瞬間が訪れることに希望を託し、1年以上もの長期間を容器集めに費やしてきたという事情がある。ここで簡単に引き下がるわけにはいかなかった。

最終的に、「決まりは決まり」というこちらの言い分を相手に飲ませ、僕は学食側に容器代をすべて払ってもらった。これにより、僕は二十数万円を手に入れることに成功する。これが、僕にとって初めての「お金儲け」となったのである。

こうして貯めた資金があったのだが、僕はデイトレードを始めるためになくてはならない証券口座を持っていなかった。これでは、ある程度のノウハウを持っていたとしても手も足も出ない。

いきなり壁にぶち当たることになったが、いろいろと考えを巡らした結果、お金儲けに興味のありそうな同級生のAに自分の計画を打ち明け、協力してもらうことにした。

僕の読みは的中したようで、Aからはいい反応が返ってきた。

「実はさ、親が今のうちからそういうのをやれって言ってきて、うるさいんだよ。でも、1人じゃ不安だからさ、何もやってないんだ。もし興味があるなら、ウチの親に会わせてやるけど」

願ってもない話だった。僕はさっそくAの親に会いに行った。

第2章

お金儲けの始まり

株を始める

Ａの家は、家族で小売業を営んでいた。その商売がうまくいっているというのは、すでに彼から聞いて知っていた。

少し変わっていたのは、子どもに投資をやらせることに前向きだったのは、父親ではなく母親のほうだったことだ。

「ちょうど、ウチの子にもやらせようと思ってたんだけど、全然やらなくて困ってたのよ。友だちと一緒に始めるなら、ちょうどいいじゃない」

「お金儲け」という点では、僕の家とはまったく異なる家庭環境だった。商売をやっている家の親というのは、早いうちから子どもたちに商売をやる様子を見せたり、実際に子どもたちにも商売をさせたりするところがよくある。Ａの家にも、明らかにそういう傾向があった。

「口座は私のものを貸してあげるから、それを使っていいわよ」

最初は電話取引を行っていたが、Ａの親にネット取引を始めたいと説明すると、すぐに彼らは賛同し、ネット口座を開設して僕たちに使わせてくれることになった。こんなに簡単に始められるとは思っていなかったので、少し拍子抜けするくらいだった。自分のタネ銭は全部で約30万円。果たしてここからどれだけ増やすことができるのか。何倍、何十倍、いや何百倍にもなる光景を想像すると、武者震いするほど興奮した。

最初に買った株は、セブン‐イレブン・ジャパンだった。最初はどういった銘柄を買ったらいいのかわからなかったので、ニュースで耳にしたことを参考にしながら売買を始めようと思ったのだ。その他には、任天堂や武富士、慣れてきてからはＵＦＪ銀行（現・三菱東京ＵＦＪ銀行）などの株を買っていった。幸いなことに、Ａは５００万円ほどの資金を元手にしていたので、自分だけで購入できないものはＡと共同購入のような形をとることで買うことができた。購入する銘柄は、本や雑誌を読みながら研究したり、ネット上で値動きのランキングを見たりして自分で選んでいった。

苦労したのは、株取引を扱った良書を探すことだった。入門書のようなものはあまりなく、あったとしてもハイレベルなものではなかったため、すぐに物足りなくなった。

そのうちに、有用な情報が書かれているのは外国の本に多いことがわかってくる。ただし、それらは翻訳本なので値段が高かった。1冊6000円や7000円、場合によっては2、3万円する本もあった。

とはいえ、スキルを高めるには、自分に投資をしなくてはならない。多少高くても、システムの決め方や売買ルールの設定の仕方などを学ぶ必要があった。そう考えた僕は、儲けの中から「資料代」を捻出し、高価な本を取り寄せた。それだけではなく、株の情報を集めるために、毎月の会費が約1万円もする有料サイト「カブーフレンズ」にも入会することになる。

正直なところ、扱っている資金の割には資料代が高すぎた。でも僕は、やる以上はセオリーをしっかりと身につけて完璧な形で取り組みたいと考えていた。受験勉強をするときも、まずは参考書を買ってきて、それを活用しながら理解を深めていくのが常道だ。実際にお金を動かすトレードとなれば、それ以上に理解を深めて臨むべきだろう。

最初のうちは、チャートを見るのではなく、買い気配と売り気配の数を参考にする板読みと言われる手法を取り入れて売買していた。基本的に、買った株は2、3日寝かしたりすることはなく、その日のうちにすべての売り買いを終わらせるようにした。

本を読んで他の手法も勉強していくうちに、今度はチャートを見て判断する方法を試したくなった。実際にやってみると、この方法が自分にはしっくりくることがわかり、それからはチャートだけを見て取引をするようになる。

試行錯誤を繰り返しながら、自分なりの方法論を編み出す努力を重ねていった。その際に参考にしたものの1つが、アメリカの投資家集団「タートル」が実践しているものだった。

トレンドフォローといわれるその手法は、横ばいだった株価が過去20日間の最高値を更新したら、大きなトレンドが生じていると判断し、そのトレンドの中で売り買いを繰り返すというものだ。

手法を考える際に非常に参考にした本として、『魔術師リンダ・ラリーの短期売買入門』（パンローリング刊）がある。名前はおどろおどろしいが、中身はいたってまじめな本だ。古い本だが、その内容は古びておらず、そのためか値段は高かった。今でもキンドル版で2万円以上する。

タートルは、『ウォール・ストリート・ジャーナル』の広告で集められた素人たちが、リチャード・デニスによる門外不出の投資の教育を受けて育った伝説の投資家集団である。僕はタートルの存在を知り、自分も最強の投資家集団を作ろうと思い、事業としてトレーディングを行っていこうとしていた。

まだ会社を作らなければいけないことも知らなかったし、事業計画なんてものを作ることさえも知らなかった。しかし、僕の中ではこれはれっきとした起業であり、自分が起業家としての人生を歩み始めたことにご満悦だった。15歳の終わりのことである。

資金を使い果たす

ビギナーズラックもあって、収益は順調に上がっていった。一緒にトレードを始めた友だちも着実に儲けを出していた。ところが少し時間が経つと、彼はパソコンに向かってトレードすることに飽きてしまい、実際に取引するのは僕だけになってしまう。

途中で挫折してしまった友だちをよそ目に、僕はトレードにはまりつつあった。

(今のように1日に1万円稼ぐことができれば、1年後には200万円を超えるお金を手にすることができる計算になる……)

そんなことを考えると、体の底から熱くなってくる自分がいた。

このころ僕は、クラスメートに対し、「お前の父さんの年収っていくらくらい?」と質問をするようになっていた。

「たぶん3000万円くらいかな」

同級生の親は開業医や企業の社長が多く、どこの家も裕福なので、彼らは恥ずかしげもなく親の年収を教えてくれた。

彼らの答えを聞きながら、「月収で言うと300万円くらい稼げば、子どもにもリッチな生活をさせてやれるんだな」と思ったりした。こうした情報を集めることで、将来の自分の基準を定めようとしていたのだ。

ただし、お金持ちの家の人たちは、仕事から得られる3000万円という収入のほかに、億単位の株の配当を得ている場合も多く、今考えてみると月収300万円だけでは彼らのような贅沢な暮らしはできなかったと思う。3000万円と聞き、とんでもなく巨額だと感じたが、実際にはそれでも十分な額ではなかったのだ。

当初はうまくいっていたデイトレードだが、下げ相場の影響もあって次第に好調を維持することが難しくなり、最初の資金は徐々に目減りしていった。

資金が減ってしまったのは、トレードで損失を出したということもあるが、新たな知識を取り入れるのに高価な書籍を買っていたことも要因だった。

加えて、新たに考え出した手法を試す前にバックテストをしたことも資金の減少に拍車をかけた。今ではバックテストをするための無料のシステムが出回っているが、当時はバックテストをするにはシステムをいじれる外注先に頼まなくてはならなかった。その際に支払う費用も大きな負担だった。

その結果、当初30万円ほどあった資金は、4カ月後にはほとんどなくなっていた。だが、そのことに関して、精神的なショックを受けることはなかった。というのも、投資に関する本のほとんどに、「最初は必ず負ける」と書いてあったからだ。

例えば、トレードをする際のメンタルシミュレーションについて詳しく解説している本には、「最初は負けるが、それは避けることができないコストだから気にするな」と書かれていた。こうした本を何冊も読んでいたので、僕はかなり落ち着いていて、「やっぱ負けるんだな」と本の内容を確認したような気持ちになり、むしろすっきりするくらいの思いだった。

「2億円出資してください！」

お金がなくなり、トレードを続けられなくなった僕は、再びAの親を訪ねた。訪問の理由は、資金提供のお願いをするためだった。

それまでの期間で僕はさまざまなバックテストを行っていた。それらの結果をしっかりとまとめ、戦略と運用成績について説明をした上で、出資のお願いをするつもりでいた。

当時の僕は、デイトレードだけでなく、できれば本命の不動産投資にも乗り出したいと考えていた。したがって、株取引のほかに不動産についての本もかなり読んでいた。実際に不動産投資を始めるのであれば、どうしてもAの親に出資をしてもらう必要があった。

Ａの親は、名古屋だけでなく、東京にも家を持っていた。会いたいという申し入れをすると、「じゃあ、東京に来てくれ」と言われ、僕は１人で新幹線に乗って上京した。電車賃がもったいなかったが、出資してもらうことを思えば、出向くほかなかった。

待ち合わせ場所は、麻布にある懐石料理の店。やってきたのは父親のほうだった。慣れない場所で落ち着かなかったが、一通りの挨拶をすませてしばらく学校の話などをすると、さっそく僕は本題に入った。

「ご相談なんですけど、これから本格的に投資をしたいと思うので、僕に２億円ほど出資してくれませんか？」

こんな大それたことを、僕はさらりと言ってのけた。

僕の立てたプランでは、２億円のうち１億５０００万円で不動産を買い、そこから入ってくる賃貸収入と、残りの５０００万円をデイトレードに回して儲けを出すことを目指していた。不動産投資とデイトレードを組み合わせることによって、リスクを減らすことができるはずだった。

今考えると、商売の経験がまったくない僕が不動産とデイトレードの２カ所に投資をしようというのだから、リスクを減らすどころか、逆に増えていると突っ込みを入れたいところだが、中3の僕にはそこまで深く考える能力はまだ備わっていなかった。

僕の話を聞いて、Aの父親は唖然とした顔をした。その表情を見ながら、「2億円ぐらいまとめてもらわないと、資金効率が悪いし、逆にリスクも高くなりますから」と、僕は何食わぬ顔で言い募った。

（何の根拠もなく、でたらめな気持ちで出資してほしいと言っているのではない）

そんな思いがあったからだった。僕は、まとめてきた戦略や見込まれる運用成績について、できるだけ丁寧に説明することに努めた。

ずいぶんと長い時間を要したが、おそらく相手はほとんどわかっていなかったと思う。返済見込みについてもしっかりと話したが、相手の反応は鈍かった。一通りの説明が終わったところで、Aの父親が口を開いた。

「いろいろと調べてきてくれたのはわかったけど、不動産投資はまだ早いからやめなさい。ウチはおばあちゃんの代に不動産投資で痛い目を見ていて、不動産投資だけはやらないようにしているんだよ」

こんなふうに諭されると、僕はそれ以上、言葉を続けることができなかった。

ただし、まったく出資してくれないというわけではなかった。

「さすがに2億円出すわけにはいかない。その代わり、1000万円出資するから、それでやってみなさい」

正直言って、1000万円では物足りなく感じたが、まさかお金を出してもらう分際でそんなことが言えるわけはない。僕はありがたく1000万円を受け取ることにした。

中学生のデイトレーダーたち

このころ一緒にデイトレードをしていたのは、自分も含めて3人だった。同級生のBと1学年下のCである。当初のメンバーだった出資元の息子でもあるAは、途中からトレーディングに興味をなくし、すでに僕らのグループから離脱していた。

Bの家は名古屋からかなり離れていた。そのため、通学がしやすいようにと親が学校のすぐそばにマンションを借り、彼はそこから中学に通ってきていた。僕の家にはパソコンなどなかったので、トレーディングをしていたのは、もっぱら彼が寝起きしているマンションだった。僕らは授業の合間や放課後にここに集まり、トレーディングに心血を注いでいた。

1000万円を手に入れた僕は、仲間の2人にそのことを報告した。だが、幼い僕らの金銭感覚はめちゃくちゃだった。

「最初は2億円って言ってたのに、たった1000万円だけかよ」

同級生のBが、生意気なことを言っていきがって見せた。

「1000万円の元手を20倍にしてもたったの2億円だぜ。これが2億の20倍だったら40億になるのにな」

Bの言葉に触発されて、僕も過激なことを口にした。

「とりあえず80億ぐらいの資産がないと安心して将来の生活ができないからね」

Cも、負けずに大胆な発言をする。

彼がこんなことを言ったのは、僕たちが普段から話していたことが根拠になっていた。

僕たちの普段の会話の中に、トレードの運用リスクは高すぎるという話があった。

特に恐れていたのは、為替変動のリスクだった。つまり、円だけで稼いでいても円安になったら資産が目減りするので、通貨の流通量に併せて資産をそれぞれの通貨に分配し、そこから国債をベースに運用利回りを整えていくべきだと話していたのだ。

ただし、資産を分配させた国がデフォルトするリスクを考えた場合、最低80億円ほどの資産運用をする必要があり、それが可能になれば、月に80万円ほどだったら生活費や遊行費に充てても安全だろうと計算していたのだ。

今思い出すと噴き出しそうになるのだが、1000万円という額にケチをつけていたCは、中学3年の時点で子どもらしからぬ不安を抱いていた。

彼によれば、為替リスクも恐ろしいが、リーガルリスクのほうがもっと気になると言うのだった。どういうことかと言うと、将来結婚して、仮にうまくいかなくなって離婚したときに、それまで苦労して築いた財産を半分持っていかれると心配していたのだ。そのため、将来は結婚をせずに、物価の安いネパールに行って1人で暮らすと言っていた。

女の子とつきあったこともない中学生がこんなことを言っていたのかと思うと、かなり滑稽な状況なのだが、当時の僕たちは彼の話に真面目に耳を傾けていた。

３日間の「ビジネス合宿」

僕らはまだ十代半ばという幼さだったが、周囲には同じようにデイトレードを行っている同年代の中高生たちが結構いた。

同じことをやっていると、不思議とどこかで接点が生まれてくるようで、他の地域に住んでいるグループと知り合う機会はよくあった。

これは何も特別なことではなく、スポーツやゲームを趣味としている人が、それをきっかけとして横のつながりを広げていくのと同じことだ。たまたま自分が興味を持ったのがお金儲けだっただけで、サークル的なノリで同じ興味を持つ人たちと情報交換をする機会を得たということに過ぎない。

それに、当時は9歳で起業し、surfingprizes.comを立ち上げた15歳のキャメロン・ジョンソンさんが話題だったこともある。同じ15歳で何歩先を行かれているかと考えると、起業した喜びははるか昔のことに感じられ、早く追いつき追い越さなければという焦りしかなかった。

学校が休みの時を狙って、僕は「ビジネス合宿」なるものを企画した。デイトレードに興味がある仲間たちと泊まり込みで勉強会を実施することで、少しでも早くタートルに近づくためだった。

宿泊先は、同級生の親が持っている別荘だった。僕の通っていた中学では、僕のほかにもすでにデイトレードを始めている同級生が数人いたので、彼らと交流し、優秀な人材がいたら自分のチームに入ってもらうことが合宿の目的の1つだった。

合宿では、自分たちが考えついた投資の手法を共有し、そこで思いついた手法をバックテストすることなども予定していた。仲間たちと「○○銘柄の動きを見てブレイクしたら教えてくれ」とか「○○銘柄が400円を切ったら教えてくれ」などと言い合い、ディスプレイを睨んで「上がった」「下がった」と一喜一憂する姿はTVゲームで遊ぶ学生そのものだった。

このころになると、僕の頭の中は寝ても覚めてもビジネスのことでいっぱいで、他のことが考えられなくなっていた。そんな状態だったので、学校の部活はきっぱりと辞め、デイトレードにさらなる時間を費やすことにした。

合宿の成果

デイトレードにもすっかり慣れ、少しずつ儲けが出てくると、今度は儲けたお金をどうやって守っていくかが気になってきた。儲けが出てきたといってもまだまだなのだが、取らぬ狸の皮算用で、大金を稼いだら次はどうしたらいいのだろうと妄想は膨らむ一方だったのだ。儲けの最終目標額を設定し、あたかもその額を得られるかのように信じて疑わず、僕らはすでに大金を得たような気分だった。

少々浮わついた感じはあったが、儲けるための研究はしっかりとしており、最強の投資手法をどう構築するかといった話をしょっちゅうしていた。

儲け分が一定額に達したら、デイトレードのバーチャルシミュレーションができるサイトを作ろうと話していたこともある。サイトに人を集め、バーチャルなデイトレードを体験してもらうというアイデアだった。設定期間中に最も収益を上げた人には、商品としてフェラーリを1台プレゼントする。実現できれば、かなりの人が集まってくると予想された。

これをする目的は、他の人が実践しているロジックのデータを入手するためだった。1位になった人たちの手法に常に自動で追随するようなシステムを作り、それらを自分たちが行う取引に導入したら儲かるはずだと考えたのだ。

僕たちが実践していたのは、あくまでも短期売買であって、長期にわたって株を保有することはまったく考えていなかった。そのため、ニュースを見て景気動向を調べることや、世界経済がどう動いているかについては一切目を向けなかった。

そもそも元手が少ないのに、長期投資のような悠長なことをやっている余裕はない。短期売買で1回に平均7%のリターンが取れるような堅実な手法があるのであれば、それを10回複利で繰り返せば資金は約2倍になる。仮に企業の財務諸表を眺めながら株を購入し、3年間寝かしているようなことをしたら、資金を倍にするまでに何年もかかってしまう。ぐずぐずしていたら、あっという間に20歳になってしまうという切迫感を抱いていた。

デイトレードをしていて、大きな損を出しそうになり、冷や汗をかくようなことも何度か経験した。

当初は株式の短期売買を専門に行っていたが、FXが流行り始めたのに影響され、僕らは徐々にFXにも手を出すようになっていた。失敗して破産しそうなときもあったし、安定しているとはお世辞にも言えなかったが、収益は上がっていた。

あるとき、70万円をFXの口座に入れ、夜通し売り買いをしたことがあった。前日の夕方に入金した70万円が、翌日の明け方には900万円に膨れ上がっていた。ところが、次の日の朝には130万円にまで萎んでしまい、激しく落胆したこともある。ただし、それでも利益はしっかりと出ていたので、大きな打撃にはならなかった。

株の短期売買で得たロジックは、相場の都合上、FXの取引のほうが流用しやすいように見えた。あとは、一定の利益が出たタイミングで必ず売るというルールだけを決め、取引を重ねていった。

取引は主にポンドを中心に行っていた。特にポンド・ドルは動きが大きいので、うまくいけば利益幅も大きくなった。イギリスに行ったこともなければ、ポンド紙幣を見たこともない僕たちだったが、毎日数百万円単位のポンドの売り買いをしていたのだ。

毎日トレードをしていると、調子がいいときもあるが、不調なときも出てくる。必ずしも思い通りにお金が貯まるというわけではなかった。

当時の僕は、マニア向けのショップで「グラフィックボード」という専用のツールを買い、パソコン2台とモニター5画面を使ってトレードしていた。そんなこともあって設備投資もかさんでいく。1000万円の出資金は食いつぶすことはなかったが、自分の小遣いを使い果たし、好きなものもろくに買えないという状況に陥ることもしばしばあった。もともとはお金持ちになろうと思ってトレードを始めたのに、なかなか思うように事が運ばない時もあったが、確かな手ごたえは感じていた。

出資元との軋轢《あつれき》

この時期、出資をしてくれたAの両親が、僕たちにやたらと経過を聞いてくるようになる。最初のうちは様子を確かめるだけという感じだったが、次第にどういう手法で取引をしているのかを聞いてくるようになり、僕らはそのたびにトラックレコードやシミュレーションのデータを見せて説明しなくてはならなかった。

出資元に説明義務があることは理解していたが、先方からの問い合わせが頻繁に続くと、僕らの手法を盗もうとしているのではないかと疑い始め、過度に警戒するようになった。もしも独自の手法が拡散してしまったら、それ以降は通用しなくなってしまう。僕たちの猜疑心《さいぎしん》は最高潮に達し、「こいつら、金の力に物を言わせて僕たちの手法を盗もうとしているに違いない」と思い込むようになっていった。

先方としては、出資したお金がしっかりと運用されているか確かめたかっただけかもしれない。そもそも、僕らが使っていた口座は彼らのものであり、様子が気になるのは当然とも言えた。にもかかわらず、僕たちは明らかに過剰反応をしていた。

先方からの問い合わせがあるたびに、僕たちは自分たちの手法を教えることを拒否し続けた。このままではいつか関係が険悪になると考えた僕たちは、思い切ってお金を返すことにした。

返金を決めた後、僕はAの家に足を運んだ。

「もう人のお金を運用するのは疲れました。学校の勉強もあるし、いったん辞めます」

事実、他人のことを疑いながらトレードをすることに疲れており、タイミングとしてもいい時期に来ていた。

相手に返したお金は、1150万円だった。借りた1000万円に150万円を上乗せした額だった。僕としては、1年弱で何もトレードの知識がない人間が運用して15%増えたら御の字だろうと思ったからだ。ところが彼らは、税金のことを考えたらこれでは赤字だし、そもそも増えた分の80%は自分たちのものだと言い始めた。

当時の僕らは税金の知識もなく、ファンドが運用するときのフィーの取り決めなど知らないので、こちらが子どもだと思って訳のわからない言葉を並べ、少しでも多くのお金をむしりとろうとしているに違いないと勘違いした。

「手法をパクれないとなったら、今度は金かよ。とんでもない奴らだ!」

こんなことを言い合って、リスクを背負って僕たちに投資のチャンスをくれた友だちの親を罵った。

僕らにとっては、年齢の差だとか、出資してくれた恩なんかはどうでもよかった。とにかく儲けを確保することだけしか考えていなかったのだ。その点に関してだけは大真面目だった。

傍から見ればかなりちぐはぐに映ったと思う。世間一般の常識や礼儀に欠けている一方で、1000万円以上ものお金を日々扱っていたのだ。

同級生の親にお金を返して、諸々の経費を払った後、僕らの手元に残ったお金は300万円だった。この300万円を元手にして、僕はさらに取引を続けることにした。

コラム②　資金調達

ビジネスの世界でお金を集めようと思ったら、実質的に3つの方法から選択するしかありません。では、それらはどういった方法なのでしょうか。次に説明していきたいと思います。

まず1つめが、デット（借金）です。社債を発行したり、何かを担保にしてお金を借りたりして資金を調達します。起業したての時は、友だちや親からお金を借りたり、日本政策金融公庫から創業融資を受けるのが一般的でしょう。

2つめが、エクイティ（資本）によって調達する方法。誰かに出資してもらうほか、会社が前年度に確保した利益から税金を支払った後のお金を資金とするのも調達法の

1つと考えられています。

最後が、前受金や買掛金を調整し、信用創造によって資金を調達する方法となります。

資金調達にはこれら3つの方法があるのですが、ファイナンスの知識がない起業家は、それぞれの違いについてあまり深く考えないまま資金の調達をしてしまうようです。

特に最近は、出資先を探しているベンチャーキャピタル（投資会社）が増加しており、それに伴い、彼らの言われるままにエクイティによって調達してしまう若手起業家が増えてきています。

バリューアドと言われるように、出資してもらえるだけでなくベンチャーキャピタルから経営支援まで受けられるため、出資額面以上の価値があると考える人がいるのでしょう。また、大手から出資を受ければ業務提携などもスムーズにできるため、こちらについても額面以上の価値があると判断してしまうのかもしれません。

しかし、ベンチャーキャピタルからの出資を受けると、自分が会社に対して持っている資本比率はどんどん下がっていってしまうので、後になって自由に経営権を行使できないという不都合が生じてくることもあるので注意が必要です。

ソフトバンクの孫正義さんは、エクイティで調達すると自分が持っている株が希薄化するので、デットによってＭ＆Ａ資金を調達したがっていたのは有名な話です。

一方、デットで調達するとなると、会社の売り上げが減ったりしたときに返済が苦しくなるというデメリットがあります。仮に会社が倒産した場合、自分が連帯保証人になっていれば、法的な支払い義務が生じます。

信用創造に関しては、売掛金や前受金を増やして作ることが一般的となっていますが、これも度が過ぎると、収益が下がったときに売掛部分が縮小し、その結果、取引先にお金が払えなくなってしまうという事態が起きるかもしれず、気をつけなくてはいけません。このパターンは、英会話教室やエステ店の破綻事例としてよく見かけます。

調達にはこの３つしか方法がないので、資金調達をする際にはどれを使って調達するのが最善なのかをよく考える必要があります。

未上場の状態で誰かに出資してもらうのであれば、例えばファンドから出資してもらうと仮定すると、ファンドは投資家から年間20％ほどのリターンを出すことが求められます。ファンドも成功する案件もあれば失敗する案件もあるため、起業家が要求されるリターンは当然20%以上になります。デットと違い、定期的に返済する義務はありませんが、最終的にかなりのリターンを要求されるので、そのことを頭に入れておく必要があります。

一方、デットで調達する場合には、当然ながら利息が発生します。中小企業が借り入れをする場合は、現在ですと年利2~3%といったところでしょうか。しかも利息は損金算入できます。

一見すると高い調達コストを支払ってでもデットで調達するほうが割のよさそうな気がしますが、立ち上げたばかりの会社で元金の支払いはキャッシュフローにとってかなりの負担となります。さらに、一度借りたお金はなかなか返すことができません。多くの中小企業は借り換えを連続的に行っており、借金を完済する企業は一握りだと言われています。

自らの資産を守るという意味で一番安全なのは、自分で100%の株を持ち、銀行からの融資なども受けず、前金をもらってモノを売り、仕入先には後払いをするという形で商売をすることです。こういうスタイルは「ブートストラップ」と呼ばれますが、このスタイルを確立できれば、資金繰りに困ることはないでしょう。ただし、ビジネスの展開スピードは遅くなるかもしれません。

再びソフトバンクの孫さんの話になりますが、彼がボーダフォンを買収したときの資金は、ほとんどがエクイティではなくデット（借り入れ）でした。買収後は、ボーダフォン自体を担保に入れ、何かあればこの担保を処分して返済するという方法を使っていたのです。その後、新たな資金を借り入れる際にも、ボーダフォンを担保にして調達していました。彼は、ボーダフォンという担保をうまく利用し、リスクコントロールをしながら資金調達をしていたのです。

資本政策には会社の戦略が顕著に表れます。頭を使った上手なエクイティでの資金調達の例として、グーグルとエンジェル投資家のロン・コンウェイのケースが挙げられます。グーグルがロン・コンウェイから出資を受けるとき、グーグルはセコイア・キャピタルがヤフーにも出資していることを計算に入れ、セコイア・キャピタルがグーグルに投資するように仕向けることをロン・コンウェイに条件として要求しました。これにより、グーグルはロン・コンウェイとセコイア・キャピタルから出資を受けることになったのです。

「テーブルに座って周りを見回し、誰がカモだかわからなければ、自分がカモ」という格言がありますが、資金調達に関する知識がないまま、よくわからずにベンチャーキャピタルに言われるままに出資を受け入れてしまったというケースは珍しくありません。彼らに言われるままに資本を受け入れてしまった結果、資本構成を彼らの都合のいいように組まれてしまい、せっかく上場を果たしたのに、自らの所有株を1株も売り出せないという状況に陥ることもあるのです。

あるいは、腰を据えてじっくり自分のビジネスを拡大したいと思っていたにもかかわらず、ファンドの償還期限の都合でベンチャーキャピタル側から会社売却を迫られるということも考えられます。

資本政策についてしっかりと勉強していないと、こうしたことが起きてしまうかもしれないのです。資金を調達するのであれば、このような〝大人の事情〟も考慮の上、自分にとって最善の方法を選ばなくてはいけません。

ですが、有利な条件を追い求めるあまりビジネスが進まないのは本末転倒です。誇るべきトラックレコードがまだない起業家は、不利な条件でも資金調達をしないとどうにもならないこともあるでしょう。そのような場合は、自分の起業人生はまだ長いと考え、不利な資金調達を受け入れてビジネスを進めるのも1つの選択です。最大限のリターンとは言わないまでも、ある程度のリターンを受け取り、次回から最大限のリターンを追い求めていくやり方もあるので、そこは割り切る考えを持つべきです。1度でもイグジットした実績があるのとないのとでは、見えてくる世界も周りからの評価もかなり違ってきます。

コラム③ 「お金儲け」と「お金集め」の違い

お金儲けがうまい人は、例えばラーメン屋をオープンし、おいしいラーメンを作ってたくさんのお客さんに来店してもらい、店を繁盛させ、毎月の利益をしっかりと出していきます。

一方、お金集めのうまい人は、行列のできるような店を出すのは苦手だけど、投資家から資金を募るのには長けていて、1店舗1店舗は薄利ではあるものの、100店舗くらいの多店舗展開をスピーディーに行い、それらの店から広く浅く利益を出していきます。

いかがでしょうか？「お金儲け」と「お金集め」の違いに気づいたでしょうか？お金を儲けることができる人が必ずしもお金を集めることが得意かというとそうではありません。逆に、お金を集められる人に儲ける能力があるかというとそうとは言えず、もともとはこの２つの能力に相関関係はないのです。

起業するとなると、誰もが資金調達に頭を悩ますことになると思います。いろいろなことを考え、お金を集めようと知恵を絞ることになるでしょう。ただし、ここで理解しておいてほしいのは、いくらお金を集めてもラーメンがおいしくなることがないのと同じで、潤沢な資金を集めたからといって、自分が起こしたビジネスの利益率を上げることはできないということです。

これとは対照的に、顧客のことを考えていいサービスを提供すれば、資金の力を借りなくても利益率を上げることができ、それと同時にビジネスも大きくしていくことができます。起業をするのであれば、目指すべきは「お金集め」ではなく「お金儲け」であると考えるべきです。

市況が良ければ、上場ゴールを目指し、赤字でも株式公開をどんどんしてしまおうという動きが出てきますが、長く起業家を続けていくためには、やはり「お金集め」

ではなく「お金儲け」の才能が必須です。逆に、「お金集め」の能力はトラックレコードを積み重ねていけば勝手に上がっていきます。

伸ばすなら「お金集め」ではなく「お金儲け」の能力のほうだと言えるでしょう。

ケータイ没収で大損害の危機

中3の春休みにハワイに行ってから、1年が経とうとしていた。あのときに「お金儲け」をしようと心に決めてから、怒涛のごとく時間が過ぎていった。

少しでも多く取引をしたかった僕は、ウィルコムでデイトレードをするようになっていた。ところがある日、ケータイを学校に持ち込むことが禁止されてしまう。

だが、デイトレードに熱中していた僕は、学校の決めたことに従うつもりはなく、相変わらず学校でも取引に勤しんでいた。

こうなると、結末は見えていた。ケータイ禁止が決まってから数週間経ったころ、授業中にケータイをいじっているところを先生に見つかり、こっぴどく叱られた末に没収されてしまったのだ。

僕はかなりあせった。ちょうどこのとき、100万円近いポジションをとっていて、売るタイミングを見計らっていたのだ。僕はなりふり構わず文句をいい、ケータイを返してもらおうと抵抗した。さすがに口には出さなかったが、心の中では「ふざけんな！　ものすごいでかい金が動いてんだぞ！」と叫んでいた。

幸い、株の大きな変動はなく、損害を被ることはなかった。しかし、このことがあってからは、自動的に売り買いができるシステムを構築する必要性を強く感じるようになる。だが、そのような技術はまだ世の中になく、夜中睡眠時間を削ってFXをがんばり、株はその日で完結するデイトレードから、数日間保有するスイングトレードに切り替えるしかなかった。

第3章

詐欺と裏切り

インターネットで大儲け

しばらくの間、3人のチーム体制でトレーディングを行っていたのだが、途中で後輩のCが抜けてしまったため、僕とBだけが取引を行うようになっていた。

ちょうどこのころ、僕たちはこれまでのように株の短期売買とFXで資金を増やしていくだけでなく、投機的要素の少ない、安定した収益を得られる道を模索すべきだと考えるようになっていた。トレードが学校でやりにくくなったのも理由の1つだ。そこで検討を重ねた結果、僕たちは、アフィリエイトの世界に入っていくことにした。

アフィリエイトに着目したのは、Bだった。彼にはなかなか先見の明があり、「近い将来には、ピザだってネットを通じて注文するようになる」などと発言する人物だった。僕はそうした彼の発想についていけず、「そんなことあるわけないじゃないか」と、Bのことを嘲笑したりしていた。だが、今思えば、彼のほうが完全に正しかったということになる。

そんな彼だけあって、すでにアフィリエイトを始め、着実にお金を稼いでいた。この少し前ごろから、僕と彼はそれぞれの方法でお金を稼ぐようになり、口座も別々のものにしていた。

Bはアフィリエイトで稼いだお金をFXに投入し、さらに収益を上げていた。この方法が見事に当たり、しばらくすると利益を7000万円にまで膨らましていた。

ところが、ある日、為替が大きく動くということが起きた。あまりにも急激な動きだったので、Bはうまく対応することができず、翌日にロスカットが行われると一晩にして5000万円を失うことになる。

5000万円の損失は、Bの精神を完全に破壊してしまったようだ。ショックから立ち直れなかった彼は、鬱病になってしまう。

5000万円をなくしたといっても、手元にはまだ2000万円もの金が残っていた。だが、彼はそのような冷静な見方をすることができなくなっていたのだ。

しばらくすると、Bは学校に来なくなってしまい、その後しばらくして、トレードはもう引退すると言い出した。

すでに僕は高校生になっていたが、通っていた私立は中高一貫校だったため、エスカレーター式で進学することができた。そのためか、高校生になっても特別な感慨は湧いてこなかった。

アフィリエイトで稼げるようになってからは、ＦＸよりもこちらのほうに比重を置くようになった。ＦＸとは違ってアフィリエイトは元手いらずでお金を稼げる仕事だった。

Ｂは学校に来なくなっていたが、僕は相変わらずＢの家で仕事をさせてもらっていた。Ｂはそんな僕を横目に１日中ゲームをプレーしていた。

稼ぐコツは、いかに自動化ができるかにあった。例えば自分でホームページを１０００ほど作り、そこに手作業でリンクを張っていく方法では膨大な時間がかかってしまう。これを自動化させて手間を掛けずに行うことが求められた。

こうした自動化の仕組みは、株やＦＸの自動売買のシステムを作ろうとして考えていたものを応用した。アフィリエイトのリンクを自動で収集し、１ページの中に重要なキーワードを掲載したホームページを大量生産していく。今ではそんな手法は通用するわけがないのだが、そのころはまだ斬新なやり方だった。

これに加え、設定したキーワードが検索にひっかかるように「裏技」も駆使していった。具体的には、〈ＢＯＤＹ〉タグで背景色として指定した色とは異なる色の背景画像を指定し、同じ色の文字で記述する方法などだ。

例えば、カルティエのアフィリエイトで儲けようとする場合は、黒い背景に「カルティエ」という黒字を羅列していった。見た目にはただの黒い背景だが、そこには「カルティエ」というキーワードが大量に埋め込まれていることになる。

カルティエの時計を売る側としては、「カルティエ」というキーワードで検索された際に、自分のホームページを検索サイトの上位に表示させたいと考える。この場合、ホームページ上のキーワード含有率が高ければ高いほど、「カルティエ」関連のホームページであると認識され、上位に表示される。

こんな裏技を考えながら、できるだけ多くのキーワードを上位表示させるように努力した。現在はもちろんペナルティとなるのだが、当時はまだ有効だったのだ。

他には、外部ＣＳＳを使用して文字サイズを１ｐｘに指定して人間には判読不能な文字サイズに指定するとか、ＭＥＴＡ属性や非表示の要素を利用しキーワードを羅列するスパムテクニックを用いるなど、様々な「裏技」を考えて実行していた。

こうした「裏技」を取り締まるために、検索サイトは次々と新ルールを設定していた。それに合わせてこちらも対応を考えなくてはならず、ルール違反にならないように新しい仕組みを考えていた。

アフィリエイトによる収入は予想以上に安定した。なんと月に100万～300万円ほどの利益をコンスタントに出せるようになっていったのだ。

会社を手に入れる

お金が安定的に稼げるようになった時点で僕が思ったのは、アフィリエイトは「金持ち父さん」が言っていた不動産の仕組みと似ているということだった。

いくつかのポイントを押さえてしっかりとしたSEO対策をしておけば、自分のサイトは常に上位に表示されるように設定でき、ネットユーザーがそこを通って買い物をするたびにお金がチャリンチャリンと入ってくる。定期的な収入を確保できるという点で不動産に似ていたのだ。

ただし不動産と違うのは、アフィリエイトには不動産ほど元手が掛からないという点だった。そこに関しては不動産経営よりも優れていると言えた。

ＳＥＯというのは検索エンジン最適化のことで、これをしっかりと行っておけば、特定のサイトを検索サイトで上位に表示できるというものだ。

今ではこうした方法をわかりやすく解説する本がたくさんあるが、当時はほとんどなかった。仮にあったとしても内容が初歩的過ぎて、僕たちの知識に追いついておらず、仕方がないので自分たちで考えながらやり方を進化させていった。

アフィリエイトのようなネットビジネスだけでなく、実業的なものにも興味が出てきたため、インターネットで知り合った何人かの仲間と有料の動画配信サービスを立ち上げようとしたこともある。

大学受験の予備校で衛星受講が流行った時期のことだ。当時は衛星受講とはいっても、予備校にテレビとビデオが置いてあり、受験生は予備校まで足を運んでビデオで授業を受けるのが一般的だった。

しかし、これからはインターネットの時代になる。パソコン上でテキストをダウンロードすることが可能になり、地方の受験生も大都市圏で行われているようなハイレベルな授業を受けることができれば絶対に喜ばれるはずだ。また、ネット配信で授業が受けられるようになれば、教科ごとに場所を移動しなくてもすむ。

需要があると判断した僕は、動画サイトを立ち上げるために外部の人間にシステムの開発を依頼し、うまく完成させることができれば必ず人気が出るに違いないと確信した。

だが、準備の段階で、動画サービスを利用する人から会費を徴収するために銀行に法人口座を作らなければいけないことがわかると、足踏みを強いられることになった。

法人口座を作るには、当然、法人格が必要だ。ところが僕は、まだ自分の会社を持っていなかった。しかも、受験勉強をしていると思っている親にも会社を作ることを説明する必要があり、それもまた億劫《おっくう》だった。

どうしようかと散々迷っていたら、Bが「俺のおじさんなら会社の口座貸してくれるかもしれないから、聞いてあげるよ」と言うので、その言葉に甘えることにした。

すると、「使ってないから、これ、使っていいよ」と言われたようで、いとも簡単に法人用の銀行口座をもらうことができたのだった。

これを境にして、完全な意味での自分名義の会社ではなかったが、一応自分の「会社」を持つことができたのだった。

Bのおじさんからは、税金の処理だけはしっかりとしてほしいと言われ、税理士を紹介された。ただし、「税金の処理」と言われても、こちらにはそんな知識は一切ないので、最初のうちは何がなんだかよくわかっていなかった。

例えば、領収書さえもらっておけば、経費として計上できると思い込み、マンガ本、コンビニで買った飲み物、夜遊びしたときの飲食代など、お金を使うたびに領収書を集めていた。だが、それらを経費として処理しようとすると、税理士から経費にできないと言われたりすることがよくあった。

また、人を初めて雇用したときも、源泉徴収や雇用保険のことなどはまったくわからなかったので、月給30万円という契約であれば、それを毎月社員の口座に払い込んでおけば問題はないと思っていたくらいだった。こうしたところも、あとになって税理士に指摘され、徐々に会社としての体裁を整えていくという始末だった。

さて、いざ会社を手に入れたまではよかったが、計画は順調に進んでいかなかった。ネットで知り合い、その後にシステム開発を依頼していた人物が完成品を納品せずに持ち逃げし、他の会社に売り込んでしまったのだ。そのため、計画自体が宙ぶらりんの状態に陥ってしまい、サービスを開始することができなくなった。

損害は大きかった。システム開発以外にも準備を頼んでいた外注先がいくつもあったので、それらをまとめると支払い額が５００万円ほどにかさんでいた。

当時、毎月コンスタントに稼いではいたが、５００万円をすぐに払えるような余裕は僕にはなかった。

仕方がないので、確実に儲けの出せるアフィリエイトやデイトレードで稼ぎながら、少しずつ払っていくしかなかった。取引先には申し訳なかったが、支払いを数カ月に分割してもらい、文句を言われながら返済していった。

それからも何度か動画配信にチャレンジしようとしたが、コストが高すぎて、結局スタートさせることができなかった。

新しいことを始めようとすると、何らかの問題が起きて実現できないという状況に悩まされ、思うように資産は増えていかなかった。80億円を貯めるという目標は、はるかかなたに消えてなくなりそうだった。

デイトレードの調子がいいときは良かったが、何回か連続で赤字を出すようなことがあると、それまで貯めていた分が一気に減っていった。収支はトータルするとプラスだったが、このペースで億単位の資産ができるとはとても思えなかった。

アフィリエイトによる収益は、見積もり比較サイトなどからの収益で相変わらず安定していたが、リンクを張るには料金を払わなくてはならないケースも多く、入ってくるお金に対して出て行くお金もかなりの額になった。そこで再び方向性を変えることにした。中間業者を通さずに、ＳＥＯサービスを企業に直接売り込むことに決めたのである。

レーシックの手術が流行り始めていることに気がつけば、すぐに眼科に営業をかけ、眼科のサイトに「レーシック」というキーワードでＳＥＯ対策を施した。

アフィリエイトでは、販売額によって料率が決まっているケースが多く、たくさん売れれば売れるほど料率ランクがアップする仕組みがとられていた。この仕組みを理解したときに、それならば中間業者を通さずに企業と直接交渉したほうが、企業にとっても僕らにとっても利益は増えるという判断をしたのだ。

コラム④ 「キャリア」を意識していない起業家が多い

起業したいという漠然とした願望を抱いている人は多いと思います。しかし、起業することが果たして自分にとってどんなキャリア形成になるのか考えたことがある人は少ないのではないでしょうか。2015年の秋、元陸上競技選手でタレントの武井壮さんが「プロの収入や待遇を知らずに中高大の10年間をスポーツに費やす無計画はダメ」とツイートしていましたが、起業にも同じことが言えると思います。

起業家のキャリアといっても様々なパターンがあり、1つの型にはめることはできませんが、ここでは代表的なケースをいくつか紹介していきましょう。

よく見かけるのが、サイバーエージェントの藤田晋さんのように、ベンチャー企業にしばらくの間在籍し、その後、自分でベンチャー企業を立ち上げて1つの会社を大きくしていくケースです。また、楽天の三木谷浩史さんやDeNA創業者の南場智子さんのように、銀行やコンサル会社で働いた後、海外でMBAを取得し、起業するといったエリートパターンもあります。

一方、ペパボ（paperboy&co.、現・ＧＭＯペパボ）の家入一真さんのように、何らかのベンチャー企業を興した後にイグジットし、そこで手に入れたお金で再起業をしたり、エンジェル投資家になったりするパターンもあれば、iemo の創業者である村田マリさんのように、イグジット後、売却先の会社に役員として残るようなケースもあります。

これらのパターンは、いわゆる「スタートアップ」と言われる起業家の姿ですが、資格を取って弁護士事務所や会計事務所を開業するパターンも、親の家業を継ぐのも、スポーツ選手として活躍したのち自分のジムを開設するのも、すべて起業のキャリアと言えます。悪いケースとしては、何度か起業に失敗して詐欺師になってしまうケースがありますが、これも言ってみれば起業のキャリアです。詐欺師の経歴を見てみると、何度か起業を失敗していることが非常に多いのです。

このように実に様々なケースがあるのですが、起業家を目指す人にちょっとだけ立ち止まって考えてほしいのは、起業とは特別なことではなく社会人としてのキャリアの一環に過ぎないという事実と、起業によってどのようなキャリアを作りたいのかというビジョンです。

つまり、起業がうまくいかずに失敗してしまったときにどうするのかをきちんと考えておかなければならないし、起業家になるとしてもどのような起業家になりたいのかをきちんと考えながら進んでいかなければならないということです。実際のビジネスでは、成功するよりも失敗する確率のほうが圧倒的に高く、起業のキャリアを積んでいく中で何度も方向転換を考えさせられる機会があるということを改めて自覚しておく必要があります。

起業を途中であきらめて企業に就職しようとしても、「学生時代に半年ほど起業していたことがあります」というのなら、「積極的な学生だったんですね」と企業側から評価されるかもしれませんが、「35歳の時に会社を辞めて起業し、5年後にビジネスがうまくいかなくなりました」というケースになると、受け取られ方が大きく違ってきます。

この場合、新たな就職先を見つけるのに苦労することも考えられます。なぜなら、「会社を辞めて起業していた」という経歴は、企業側から見ると独立意識が強いと映りかねないからです。こうなると、人材として敬遠されてしまう可能性が高くなるでしょう。サラリーマンとして働くには、「起業していた」というキャリアはプラスにはならないのです。

起業を視野に入れている人は、起業家になることで被るリスクについて一度真剣に考えておくべきです。起業するという選択肢は、代替性が小さい分、キャリア形成を考えると非常にハイリスク・ハイリターンなものです。どの世界でもそうだとは思いますが、自分の夢をかなえることができる人は一握りなのです。リスクを抱えてでも起業したいというのであれば、そう決めた時点で他のキャリアに進むアドバンテージは消滅したと自分に言い聞かせるくらいの覚悟が必要になります。

起業家の道を進む決断をした後も、どの分野で起業するのかをじっくりと検討することが重要です。IT系の企業を立ち上げるのか、それとも飲食店を開くのか、一口に起業といっても幅広い選択肢が存在します。最初にITの分野に進出してしまえば、その後、飲食の世界に進出するのは難しくなるでしょうし、逆もまたしかりです。一度、その道に進んでしまったら、その後の事業転換はそう簡単ではありません。

また、軌道に乗ったら乗ったで「会社を売却してくれないか」「出資させてもらえませんか」という話が舞い込んでくることもあるかもしれません。その際、自分の軸を持っていないと周囲の意見に流されてしまい、いい思いをするのは相手ばかりになってしまうかもしれません。

どの分野で起業すべきなのか、起業家としてどのようなキャリアを歩きたいのか、どこが起業の撤退ラインなのかということを何度も繰り返し考え、それと同時に一歩引いた視点を持っておかなければなりません。自分の方向性が正しいのかどうかを常に確認し、引き返すのであればできるだけ早く引き返したほうがダメージは小さくて済みます。

かくいう僕は、大学4年生の年齢である22歳を起業の撤退ラインとして考え15歳の時に起業していましたし、1度目の会社を売却する際もIT系企業の経営というキャリアを作っていくことに限界を感じ、投資・金融分野にシフトしていきました。

改めて記しますが、起業は将来における自分の選択肢を狭める結果になることが多くあります。チャレンジ精神をあおり、スタートアップすることを奨励するような風潮が一部で広がっていますが、それに過剰に感化されてはいけません。起業というのは決して簡単なものではなく、不確実性に満ちたものなのです。

営業マナーを知らない営業マン

SEOのサービスを売り込むためには、SEO技術者やエンジニアを集める必要があるのだが、僕にはそのような技術はなかったし、プロを雇う金もなかった。そこで、学生のアフィリエイター仲間たちの中からアルバイトを募集した。適任者が2人ほど見つかると、彼らを雇ってSEOの事業をスタートさせたのである。

いざSEOビジネスを始めると、将来的にはSEO事業の会社を設立し、上場したいとまで考えるようになった。非上場のうちに会社を大きくし、上場をすることによって資産を爆発的に増やそうという目論見だった。

自分たちで構築したSEOのサービスを売るために、通販サイトを始めたAの父親の会社に話を持っていった。すると、驚くほど簡単に注文を取ることができた。これを皮切りに、サイトを作っては関連する企業などに売り込みをかけていった。

だが、この営業活動がうまくいかなかった。僕らはとにかく若すぎたのだ。

どうにかアポイントを取って相手先の企業に出向くのだが、社会人経験などまったくないため、名刺の交換の仕方さえわからない。そもそも、どんな格好をして行けばいいのか、携行するカバンはどんなものが適切かといったことも理解できていなかった。そんな状況だったので、パーティー用のデザイナーズスーツを着用し、先がやたらと尖った革靴を履いて出掛けていってしまうような〝イタさ〟だった。

あるとき、こうしたいで立ちにヴィトンのバッグを抱えて営業に出向いたら、年配の担当者に「キミ、そんな格好をして営業をしちゃいけないよ」と注意されたことがあった。また、別の営業先では、「あなたね、ペンと手帳ぐらいはいつも持ってきなさいよ」と叱られたりもした。

このほか、通された部屋で担当者を待っている間に、ポータブルゲームに熱中してしまって怒られたり、約束の時間に遅れて帰されたりしてしまったこともある。皺だらけになったスーツを着て営業に行き、先方の担当者から奇異の目で見られるということもあった。

ビジネスを行う上での未熟な面が影響したこともあり、顧客の数はなかなか増えていかず、儲かっているという感覚は薄かった。サイト制作のためにかかる支払いも多く、お金がどんどん貯まっていくという状況ではなかった。

この先、ビジネスを軌道に乗せていくためには、質の高いサテライトサイトを数多く作る必要があった。

ただし、自分たちで作れる数は知れている。100以上のサイトを作るとなると、やはり外注するしか手段はない。IPアドレスを分散するためのサーバー代の費用も高額だった。そうなると、どうしても出費のほうも膨らんでいってしまうのだった。

サーバー代、人件費などの固定費はビジネスが進めば進むほど増えていく。広告宣伝費もかけていた。だが、マナーをまったく知らない僕たちの営業力は限りなくゼロに近かったため、ビジネスの状況は芳しくなかった。そこで僕は、現役の営業マンを雇うことに決めた。

さっそく名古屋の広告代理店に行き、求人広告を出すための相談をした。何度かやり取りをしているうちに、僕はその広告代理店の担当者を「できる営業マンだ」と思うようになった。彼が人生で最初に会った営業マンなのだから、どんな営業マンなのか僕には判断基準がないのだが、それでもピンとくる何かがあった。そこで僕は、無理を承知の上で「ウチで働きませんか?」と彼に声をかけてみた。

誘われた本人は相当迷ったようだった。ヘッドハンティングされたと言えば聞こえはいいが、彼にしてみれば給料は下がるし、会社と呼べるのかもわからないような組織からの誘いだったのだ。しかも、彼は今勤めている会社で次期社長候補になっているらしかった。そして、社長が引退するという話も遠い未来の話ではなく、かなり現実的に話が進んでいるようだった。

僕は断られることを十分覚悟していた。ところが彼は、僕からの申し出を受け入れて、一緒に働くことを選んでくれた。将来の可能性に賭けてくれたのだと思う。僕も若かったが、彼も24歳という若さだった。営業部員は誰もいなかったので、即座に営業部長に就任することになった。今思えば、彼自身、社会に出てからそんなに年月を重ねていたわけではなかったが、自分たちに比べたら一応社会のことをある程度知っていることは確かであり、そういう人が1人いるだけで心強い気持ちになれた。

食い逃げ覚悟で食事をする

そのころの僕たちは、Bが受験勉強に専念したいと言い出したため、営業部長に保証人になってもらい、ぼろぼろの１ＬＤＫのマンションを借りて仕事をしていた。名古屋の繁華街である栄の近くの住吉という地区にある古いマンションで、家賃は月５万円以下だった。ひいき目に見てもキレイとは言えないようなところで、ゴキブリもしょっちゅう出没した。マンションに泊まり込んで仕事をする場合は、トイレの前の狭いスペースに体を丸めて寝るという劣悪な環境だった。

会社の就労時間は基本「９時～５時」だったが、これは朝９時から夕方の５時のことではなく、翌朝の５時までを意味していた。

これだけ働いても売り上げはなかなか伸びず、かといって借り入れもしていないので、部屋の設備が不具合を起こしたりすると修理をするお金がなかった。

会社の口座には残金がほとんどなく、営業部長が外回りをしようにも電車賃を出すことさえできないような状況だった。

僕たちは、毎月の入金予定日がやって来るのを待ちわびるようになっていた。だが、あくまでも予定なので、１日や２日ずれることもある。そうなると、文字通り死活問題にまで発展してもおかしくなかった。

あるとき、財布にお金がないのにもかかわらず、僕と営業部長はホテルのレストランにピザを食べに行ったことがあった。その日はある会社からの入金予定日になっていたので、そのお金をあてにして食事に出掛けていったのだ。

ピザを食べながら、入金があるのを待つ。入金がありそうな時間になったら、どちらかがコンビニのＡＴＭに行き、お金を下ろしてこようと考えていた。

当時は、今みたいにスマホで残高確認ができる時代ではなかった。そのため、いちいちコンビニのＡＴＭにまで足を運んで残高を確認するしかなかった。

だが、食事中に何度か確認しに行っても残高は増えておらず、もしもこのまま入金がなかったら、食い逃げするしかないなとヒソヒソ話をする始末だった。

入金を待って店で粘っていると、やっとお金が振り込まれた。こうして僕たちは、食い逃げをすることなく支払いを済ませて店を出ることができたのだった。

憂鬱な給料支払日

こんな綱渡りのような日々を過ごしていたのだが、ある時期から少しずつ業績が伸び始め、ほんの少しだが余裕が出てくるようになる。

そこで、さらなる業務拡大を目指して、テレアポを取るためのアルバイトを2人採用した。僕とSE（本人はSEではなくSEOアナリストだと言っていたが）、さらに営業部長とアルバイトの2人が揃うと、マンションの一室はだいぶ窮屈になってしまった。

しかし、営業マンを雇ったことは大正解だった。彼がSEOの注文を途切れなく取ってきてくれたおかげで、どうにかビジネスとしての体裁が整ってきたのである。

営業部長は営業だけではなく、他の会社との取引でも活躍した。当時の僕は、発注した商品はきちんと納品されるのが当たり前、仕事をして請求書を発行したらきちんと入金されるのが当たり前、と思って仕事をしていたのだが、僕の認識は甘かった。

発注した成果物は、納期が守られなかったり、瑕疵《かし》があったりするものも多かったし、請求書を発行しても入金がない仕事もあった。僕は、このような予想もしていなかった「社会の洗礼」を受け、どのように対応してよいかわからず戸惑っていたのだ。

営業部長が入社してからというもの、なるべく支払いは後払いにするとか、前金でもらうように交渉するなど、最低限の基本が身についてきたのだった。また、成果物に瑕疵があったらそれをきちんと指摘する習慣も身についてきた。それと同時に、他社に厳しくクオリティを追及するのならば、自分たちの会社自身にも厳しくなければ説得力を生まないことに気づき、社内でも仕事に対する取り組み方が厳格化していくことになる。そういう意味において、営業部長の入社は僕たちの会社に大きな正のスパイラルをもたらしたのだった。

その一方で、所帯を大きくしたために月々の出費も多くなり、会社の財政状況は相変わらず不安定なままだった。給料日がやってくると、いつも僕は憂鬱になった。デザイナーの給料に加え、営業部長の給料30万円とテレアポのアルバイト代を支払う必要があったからだ。

しっかりと事業計画を立て、銀行からお金を借りようとしたこともある。

この当時、仮に信用金庫から融資を受けたとしても、利息は3％ほどでしかなかった。普通に銀行から操業融資を受けることができれば、1％ちょっとという程度だったはずだ。ところが、そのころの僕は利息のことなど一切わかっていなかった。そういう状態で知り合いに紹介された銀行に出掛けていき、恥をかいたこともある。

「年利35％ぐらいであれば、借りてもいいと思っているんです」

利息の話になったときに、僕はいきなりこんなことを口走った。

「えっ、35%⁉」

消費者金融であっても年利35%はありえない数字だった。銀行の担当者は、間抜けな受け答えをしている僕を相手に、完全にあきれている様子だった。

結局、必要な資料を用意していないことや年齢的な問題もあり、お金を借りることはできなかった。このエピソードは、いかに自分がビジネスに関して無知だったかをよく物語っていると思う。

従業員に携帯を支給しようとして携帯ショップに行ったら、「未成年は契約できません」と言われ、何もできずに帰ってくるという出来事もあった。

そのうちに、手伝いに来ていた後輩が学校を辞めてしまい、フルタイムで働くようになった。そうなると無給というわけにはいかず、営業部長と同額の30万円を月々支給することにした。この時期、社長としての立場で切り盛りしていた僕は会社から一銭ももらっていなかった。

人件費だけで月に100万円近くかかり、これに加えて家賃や通信費、コピーなどの備品代もかかった。この支払いを維持するのが、とにかく大変だった。

たまに何かの会合などで知り合った経営者と話す機会があると、彼らも決まって「給料日は、やっぱりしんどいね」と言っていた。

その気持ちは実によくわかったが、当時はまだ経営者としての本当の苦しさを心底からわかっていたわけではなく、適当に相槌を打ちながら、社長であるという自分の立場に自己満足しているというお気楽さだった。

コラム⑤ 採用について

ここでは、人を雇うことの大変さについて触れようと思います。

企業にとって採用はとても重要であるのと同時に、難しいことでもあります。特に成長過程にある会社にとっては、大企業や広告宣伝費をふんだんに使っている知名度の高い企業に優秀な人材を持っていかれてしまうことも多く、人材確保の苦労は絶えません。

新規採用というのは、基本的に未来の仕事に対して人を雇うことを意味します。ところが、急速に大きくなってしまった会社の場合、変化が劇的過ぎて将来的にどういう人材が必要なのか見えなくなってしまうこともあります。

　こうした事態を避けるには、自分の会社に対するビジョンを常にはっきりとさせておかなければなりません。それがないまま人を雇ってしまうと、雇う側は上手に人材を活用できず、雇われた側は何を求められているのかわからずにあたふたしてしまうことになるでしょう。採用する側は、自分たちが何を求めているのかしっかりと説明できなければ新規に人を採るべきではありません。

　特に、スタートアップの場合、どうしても縁故採用が多くなってしまうという傾向があるようです。そうなると、採用基準があいまいになってしまい、〝自称経験者〟が入ってきてしまったりするケースがあります。

「即戦力になります」とか、「仕入先をたくさん知っています」「この業務には習熟しています」と声高に訴える人が入ってくると、一見頼もしそうに見えますが、実際はそれほどの力を持っておらず、そうした自称経験者のカモになってしまう経営者もいます。しかも、経験者枠で入社しているので、給料が驚くほど高かったりするのです。またそういう人物に限って、業者と結託してマージンをもらっていたりするなどの不正を働く傾向が強いので、縁故採用をする際には十分気をつける必要があります。

これらはすべて僕も体験したことです。一番ひどいケースだと、自分の知らない間にクーデターを起こされたこともあります。ある日会社に行くと、役員が何人かと、初対面のコンサルタントを名乗る人間が集まっていて、彼らから社長退任を促され、さらには株をすべて譲渡するように延々と説得されたのです。これもまた、縁故採用で雇い入れた幹部候補者が裏で絵を描いていたのでした。

採用と同時に大切なのは、社風作りと言っていいでしょう。能力を高めたい従業員にはステップアップの道を用意し、あまりいい業績を残すことができない場合は、厳しいようですが、社員が自ら会社を辞めていくような社風を作るのが理想だと思います。既得権益を求める社員が増えてしまうと、チームとしての成長がなくなってしまうからです。

成長できる会社を作るには、厳しい側面が必要なのです。社長を含め、すべての社員がこういう価値観を共有し、自分に合わないと感じたら、新たなチャレンジの道を探って外に出ていくという流れを作れれば、再び新しい人材を投入し、常に組織を活性化させていくことができます。こうしたサイクルが、会社に強い体質をもたらすのです。

ネット広告の仕組み

ありがたいことに、ＳＥＯ事業は成長を続け、それなりの収入を得られるようになってきた。

収益は、契約を結んだ時点でまずは45万円ほどの着手金をもらうことで安定させていった。もしも今、こんな金額の提案をしたら「ばかにしてんのかよ！」と言われるだろうが、そのころはまだかなりの額の着手金をもらうことができたのだ。

その後は成功報酬型のスタイルにシフトしていった。例えば、１カ月50万円でレーシックを宣伝したい眼科と契約を結んだとする。１カ月30日間のうち、レーシックというキーワード検索で、仮に15日の間１ページ目に表示されれば50万円の半分をもらえるという仕組みだった。もちろん、30日間ずっと１ページ目に表示されれば50万円を受け取ることができた。

稼ぐためには〝売れ筋〟のキーワードを扱うことが重要だった。いくら上位表示されても、クライアントの収益が向上しなければ解約されてしまうため、どこに営業をかけるべきか、クライアントの選定には力を入れていた。

時折、グーグルやヤフーが検索のロジックを変え、僕たちが開発した手法が機能しなくなることもあった。その一方で、ロジックが変わったおかげで、それまであまり検索に引っかかってこなかったものが急に1ページ目に浮上してくる場合もあった。いずれにせよ、幅広いキーワードを対象にして、たくさんの契約が取れれば収入が安定することから、顧客獲得には常に注力していた。

アプローチの仕方もそのころは結構単純で、検索すると2ページ目に出てくるような企業のホームページを開き、問い合わせフォームに「御社のサイトを検索サイトの上位に表示させませんか？　1ページ目に表示されるだけで、こんなにアクセス数が変わります」というメッセージをひたすら送るという作業を繰り返した。

当時は、オーバーチュア広告（キーワードを検索すると表示される有料広告）がまだ目新しかった時期でもあった。そこで、オーバーチュア広告を出している企業に電話をかけたり、メールを送ったりして、「一般の検索でも上位に表示されるようにしませんか？」という提案を行った。

オーバーチュア広告は、一般検索の結果とは違い、1キーワードごとの値段を完全入札方式のオークションで決定し、競り勝ったところが広告を表示できるというシステムになっていた。お金を払ってオーバーチュア広告を出している企業は、当然、一般検索でも上位に表示されたいと考えているはずで、そうした会社をターゲットにして営業をかけていたのだ。

東京進出

SEO事業をさらに発展させるために、ホームページ制作会社や印刷会社と業務提携をするようにもなった。ホームページの制作会社であれば、制作依頼をした企業からネット上での広告について相談を受けることもあるだろうと考えたのだ。実際にその考えは的中し、業務提携先の制作会社や印刷会社を経由してSEOの委託注文がたくさん入ってくるようになった。

僕らの会社はまだまだ知名度も低いので、形式としては制作会社が受注し、こちらが指定した料金に、制作会社が自分たちの取り分を上乗せして先方に請求するという方法をとった。

こうした方法を通じて、僕たちは自分たちで営業をせずに大口の顧客を確保することに成功するようになる。

あるとき、提携先の制作会社が、都内の某有名私立大学からの依頼でホームページを作っていたことがあった。そのつながりで、大学から仕事を頼まれることもあった。

「新しいホームページを作るついでに、その大学がSEOを頼みたいって言ってるんだけど、できる?」

僕は間髪を容れずに「できます!」と答えた。

そもそも大学なんて同じ名前のものはないのだから、何もしなくても上位にくるのは目に見えていた。それでも頼んでくるということは、「予算もあることだし試してみよう」と大学側は考えていたのかもしれない。

しばらくすると、今度はある上場企業と契約を結ぶことになり、いきなり月に300万円くらいの売り上げを確保できる体制が整った。これでようやく会社としての安定感が出てきたのだった。

この大企業と契約を結んだころから、僕は東京に拠点を移すことを考え始めるようになる。

直接のきっかけは、契約を結ぶ前に、その大企業の役員が審査のために名古屋までやって来たことだった。

役員を会社のある古いマンションにまで案内し、事務所になっている部屋の扉を開けて中に入ってもらおうとした。ところが、その役員は中をのぞいた瞬間、あからさまに「えっ、まさかここ⁉」という表情をしたのだ。その後の会話でも、会社が東京にないことを気にしている様子がありありと感じられた。

どうにか契約にはこぎ着けたものの、〝名古屋にある会社〟ということが、今後の発展を考える上でネックになるかもしれないことは明らかだった。それに、クライアントの過半数も都内の企業だった。こうしたこともあって、僕はますます東京に移転する必要性を感じるようになる。

この時期、SEO事業が儲かるということが多くの人に知られるようになると、SEOを始める会社が増え始め、競争が激しくなってきた。

予想外だったのは、ブログを運営している会社によるSEO効果が強まっていることだった。それまではブログの人気はあまり高くなく、閲覧する人も少なかった。ところが、FC2やライブドアブログを利用する人が増えたことによって、そちらに人が集まりだしたのだ。

例えば、健康サプリのサテライトサイトを作り、そこに人を誘導して儲けていたとしよう。ところが、健康サプリを紹介するブログが増えてくると、「健康サプリ」というキーワードで検索をかけた際に、それらのブログが上位に表示され、自分たちのサイトを上位に表示させることが難しくなるという状況が考えられた。今後、こういう兆候が顕著になれば、SEO事業は不利な立場に立たされることになるだろう。僕はかなりあせり始めていた。

（新たなビジネスチャンスを求めて、東京に出て行ったほうがいいのではないか……）

株取引の調子も良く、ガンホーや東日カーライフの株の売買で1日に100万円以上稼ぐ日もあったことも後押しし、いろいろと考えた結果、東京に進出することを決めたのである。

高校3年生のときで、貯金は一気に1000万円にまで増えていた。

はったりばかりの営業トーク

在学中は、常に出席日数を気にしながら東京に行ったり学校に通ったりするという行動パターンを繰り返していた。

調べてみると、出席日数が全体の4分の3を切った時点で卒業のための日数が足りなくなるということだった。ということは、逆に言えば4分の1は休めるということを意味する。幸い、1学期の間はほとんど学校に通っていたので、出席日数をかなり稼ぐことができていた。そのため、2学期はそれほど神経質にならずに東京に行けた。

渋谷に事務所をオープンし、高校も無事に卒業。その後、晴れて東京に移り住んでからは、新たな顧客を獲得するために名刺を準備したり、資料を作ったりすることに明け暮れた。

名古屋は地元なのでなんとなく勝手がわかったが、僕たちにとって東京は完全にアウェーだった。名刺の交換の仕方やメールの書き方といったビジネスマナーの基礎もろくに知らなかった僕らが、ちゃんとうまくやっていけるのだろうか……。不安は山積みだった。

普通は、高校や大学を卒業し、就職してから上司や先輩たちに社会人としてのルールを教えてもらうのだろうが、僕らにはそういったことを教えてくれるお手本がいなかった。営業トークにしても、これまでは何とかやってきたが、実際のところ、どこまで正直に手の内を明かすべきなのか、それともどのくらいの〝はったり〟を利かせるべきなのか、といった細かいことが一切わからなかった。

東京に来てからも、名古屋時代と同じように、新たなホームページの制作会社と提携関係を結び、ＳＥＯの注文を受けようと考えていた。だが、どうやって話を進めていけばいいのかがよくわからなくて苦労した。

名古屋にいたときは、たまたま大きな問題もなく仕事は回っていたが、地元から離れた今、なかなか要領をつかむことができなかった。それでも仕事は必要だったので、はったりを利かせて営業をすることもあった。

「制作依頼の案件が多すぎて、すごく困っているんです。パンクしそうなときに御社に少し手伝ってほしいので、一度お話をする時間をいただけませんか？」

あたかも仕事を依頼するかのような調子で話を進め、どうにかアポを取り付けた。その後、実際に会ってもらえることになると、こちらにとって都合のいい話を持ち出した。

「今度、お手伝いを頼むときがあると思うのですが、これとは別に弊社はＳＥＯ事業に最近力を入れていまして、各企業にアプローチをしているところなんです。もし、取引先で興味がありそうなところがあれば、ぜひ紹介してくれませんか？」

こんな方法で、ホームページ制作会社に営業をかけていったのだ。

当然、経験の浅さが表に出て、危なっかしい状況に陥ることもよくあった。

僕の名刺を見た先方の担当者に次のようなことを聞かれたときは、思わず言葉を失った。

「おたくはそんなにたくさんのホームページを作っているのに、なんで自社のホームページがないの？」

実に鋭い突っ込みだった。とっさのことで、僕らはあせりを隠せなかった。

「あ、ああーっ、そうですよね……。いや、他社の案件が多すぎちゃってですね。ウチも中途半端なものは作れなくて、結局時間がなくて作れてないんですよ」

簡単に作り話を見破られてしまうこともあった。

ある日、もっともらしく「依頼案件が多すぎて困っている」という話をしていると、「現状でどのくらいの依頼が来ているんですか？」と聞かれたのだ。

僕はいつもの調子で、「そうですね、月に平均して１００件くらいあります」と答えた。

すでに先方には自分を含めて従業員が5人ほどの小さな会社であることは伝えていた。そんな小さな会社で月平均１００件もの案件を受けるのが不可能であることは、業界の事情を知っている人ならすぐにわかる話だった。

このときは、相手に簡単にウソが見破られ、僕はこっぴどく怒られた。

「こっちだって暇じゃないんだ！　冗談じゃないよ、本当に」

こうなると商談どころではなく、すごすごと退散するほかなかった。

親切な社長

僕らは性懲りもなく、いつものように作り話を展開しながら営業を行っていた。そのせいで失敗も多かったが、ありがたいことに僕らみたいな若者を相手に親身になってくれる社長さんもいた。それは大阪にあるホームページ制作会社だったのだが、中堅規模のしっかりとした会社で、その会社の役員さん４人と、僕らの会社４人の合計８人で会食を行うことになった。

場所は大阪だったため、僕らは４人で大阪まで出張に出かける……つもりだったが、１人は新幹線に乗り遅れ、１人は風邪をひいて欠勤したため、僕と営業部長の２人だけで出席することとなった。そして僕ら２人も、なんと道に迷って遅刻した。遅刻した上に２人欠席という、非常に気まずい状態で会食は始まったのだが、さらに気まずいことに、会食の席には一人ひとりに火のかけられた小鍋がセッティングされていた。空席２つに置いてある火のかけられた鍋から受けた居心地の悪さはすさまじいものだった。おまけに、相手の会社はＳＥＯについて技術的なことをいろいろ聞きたそうだったが、僕と営業部長では満足のいく会話などできるわけがなかった。

そんな中でも営業部長がなんとかかんとか場を盛り上げ、会食が進むにつれ徐々に僕らは打ち解けていった。そして、ＳＥＯの話は早々に切り上げられ、ホームページ制作の話へと話題は移っていく。

「兄ちゃんらは、その人数でホームページの制作もしてるし、同時にSEOもやってるんや。たいしたもんやなぁ、ほんまに両立できるの？」

こう聞かれて、僕は「はい、できます！」と即答した。

「はあ？　ほんまに100件もやってんの？　冗談やろ？」

相手先の社長さんは驚いた様子だった。

「そんな早よ作れるんやったら、逆にウチの案件をお願いしたいわ」

こんなことを言われ、それならそれでどこかに外注すればいいやと思い、ついつい「まあ、できないこともないですけど……」と適当な答えをしてしまった。だが、こういうウソはその世界のプロにはすぐにばれる。

「作れるわけないやろ。兄ちゃんたちの会社、ほんまはできへんやろ？」

ずばりと見透かされてしまったのだが、それでも僕らは往生際が悪かった。

「ああーっ、いやあ、実はたまたま担当者が辞めてしまって、今はちょっと……」

しどろもどろの僕たちを眺め、社長さんは呆れた様子だった。怒られて退散するパターンかなと思っていると、社長さんは意外なことを口にした。

「ほな、作り方を教えるから、自分らでやってみるか？」

思わず拍子抜けしてしまうほど、意外な言葉だった。


社長さんは僕らに担当者をつけてくれ、僕らはその人を通してクライアントへの説明の仕方や進捗の管理の仕方、ホームページの制作工程などを学んでいった。

知識を吸収しているうちに、外注の人たちの協力も得ながら、1つの案件をしっかりと仕上げることができるようになると、社長さんは別の案件も紹介してくれた。

こうして仕事をこなしていくうちに、いつしか自分たちの会社の中にホームページの制作事業部門が立ち上がっていったのである。


最初は、ホームページの制作を手伝ってほしいという筋書きでお会いしたのだが、その社長さんと知り合ったことで、反対に彼の会社が受注したホームページ制作の仕事を手伝うという展開になっていた。これは本当にありがたいことだった。その社長さんには、今でも本当に感謝している。

コラム⑥ 失敗を繰り返さないためにすべき3つのこと

この時期、僕は数々の失敗を繰り返していました。もちろん、この時期だけではなく、これからだって失敗は続くでしょう。僕は自分が今後どれほど成功するかはわかりませんが、まだまだ数々の失敗を繰り返すだろうということだけはわかっています。ここでは、「失敗」について考察してみます。

経営の世界は、試行錯誤によって正解を得られるようなところだと思っている人が多いと思いますが、本当のところは違います。トライ&エラーの精神は、起業の世界では実はあまり評価されません。

例えば、9年という歳月をかけて、3年ごとに3回起業し、3回とも失敗してしまった人がいたとします。本人はトライ&エラーのつもりだったのかもしれませんが、9年もの時間をかけて3度も失敗するような挑戦の仕方は絶対に改めなくてはいけません。時間は有限ですし、起業の回数を重ねるごとに、その起業家に資金を提供する人は減っていきます。

さらに、これは持論ではありますが、失敗から学べることはありません。唯一あるとすれば、3回失敗した後にやっと成功した時点でどうにか4回分の起業の経験値を得られるのであって、失敗を繰り返すばかりでは学びという点で得るものはないのです。

とはいえ、失敗をゼロにすることは不可能です。では、失敗を繰り返さないためにはどういうことを心がけていけばいいのでしょうか。次に3つのことを提案してみたいと思います。

（1）分野を決めて知識増強を行う

知識が不足していると思う分野を選び、重点的に知識を増やすようにしてください。会計の知識、法務的な知識、M&Aの事例の検証、IT企業のビジネスモデルの研究といったテーマを設定し、ある程度の時間とお金を投資して、じっくりと知識を深めていきましょう。間違っても自分の得意分野の知識習得に励まないことです。可能であれば、その分野の専門家に指導を頼んだり、すべての著作を読んだりして、集中的に知識を吸収するといいと思います。

自分が得意なことを学ぶのは快適で、心理学的にはコンフォートゾーンと言うようですが、そこではなく苦手なラーニングゾーンに意識を置くべきです。苦手なものがパッと思い浮かばない場合は、自分の業界の近隣業界の研究をするといいでしょう。特に、取引先の業界のコスト構造に習熟すれば、値下げ交渉も容易になりますし、M&Aなどの垂直統合のチャンスに気づくかもしれません。

（2）客観的な立場で自分を見直す

ビジネス上のカウンターパートの立場で、自分のスタイルを客観的に見直してみることも有益です。取引先の人間になったつもりで、自分のビジネススタイルを振り返ってみてください。つまり、将棋で言うところの「感想戦」をしてみるのです。よりレベルの高い会社経営をするのであれば、こういうことを繰り返し行わなくてはいけません。

僕は昔、営業上手な経営者の先輩に頼み込んで、打ち合わせを録音させてもらい、それを書き起こして、「わかりやすい説明の仕方」や「相手への切り返しの仕方」などを研究していたことがあります。営業成績を伸ばしたいのであれば、自分の営業現場を書き起こしてそれを他人にチェックしてもらうことで、自分では気づいていない失敗の原因が浮かび上がってくるかもしれません。

（3）長く続ける

マラソンランナーは走り続けることで強靭な心臓を維持しているそうです。また、音楽家の大脳皮質が一般の人よりも大きいのは、毎日のように音楽に触れているからだと言います。これと同じで、経営者も常にビジネスのことを考えているからこそ、「ビジネス脳」を発達させていくことができるのです。そのためには、経営者としてのトレーニングをいつまでも続けていくことが大切です。そして、それを長く続ける。これが失敗を繰り返さないための最強の対応策だと思います。

順調に伸びていったホームページ制作事業

ハワイ旅行から帰ってきてからというもの、トレード事業からスタートし、方向転換したインターネット事業を発展させるための日々を過ごしてきた。学校での思い出と言われても覚えているものはほとんどなく、卒業式の思い出すらない。

大学に進学し、卒業することも考えないわけではなかったが、このときの僕にとって大事だったのは、大学よりも自分で立ち上げたビジネスのほうだった。


学校に通う必要のなくなった僕は、営業部長とも意見を共有しつつ、ビジネス拡張のためにそれまで以上に営業に力を入れていった。

すると、これが実にうまくいった。

電子商取引を行うショッピングモールや通信販売を手掛ける企業や商店が増えてきたことにより、物流の管理や取引の機能が盛り込まれた総合的なホームページ、いわゆるＥＣサイトの制作案件が増えてきたのだ。

そのようなクライアントは、商品の仕入れから在庫管理、受発注業務、入金管理など一連の作業を一元的にシステム化して顧客に提供したがっていた。ショッピングサイトの完成後は、そうしたクライアントの要望に応じてサイトの運営管理の案件も請け負うことができた。

誰もが知っている大手メーカーや高級ブランドなどからのホームページ制作の依頼も入ってくるようになってきた。

大手企業から注文を取れた理由は、料金設定と納期短縮にあった。通常であれば、彼らは業界では名の通ったホームページ制作会社に発注をする。だが、そういうところは料金も高いし、納期も遅かった。

高料金、長納期になってしまうのは、発注側が具体的なホームページの指示書を書くことができないケースが多かったことも原因だった。こうなると、制作会社は発注側の意図を汲み取るために、何度も打ち合わせする必要が出てくる。打ち合わせの時間も制作費に上乗せされるので、最終的に料金は高くなり、納期も遅くなるというパターンになりがちだった。

こうした状況を把握していた僕たちは、最初の打ち合わせで先方が望んでいるイメージを可能な限り汲み取り、担当者の代わりに指示書を作成するというサービスを開始した。

そうすることで、サイトの制作にあたって全体の設計だけを担当し、個人で活動するプログラマーに発注して全体の開発を進めることにしていった。

ポイントは、腕の立つプログラマーに頼むのではなく、成長段階にあるプログラマーに発注することだ。まだ経験の浅いプログラマーに制作の仕方をコーチングしながら作業させることにより、発注価格のコントロールが可能になる。

この方法であれば、クライアントとの打ち合わせ工数は大幅に削減できるし、外注価格も激減するので料金を大幅に安くすることができた。なによりも、同時にさばける案件数が増加する。

実際にこのスタイルを始めてみると、大手の制作会社の4分の1未満のコストで作れることが判明した。それを、大手の半額ほどの料金で提供していったのだ。

そして、忘れてはいけないのが営業部長だ。テレアポであろうと飛び込みであろうと、彼はお構いなしに精力的に営業活動に打ち込んでいた。そうした努力が実を結び、大手パチンコチェーン店との契約を600万円で取ってきたこともあった。

こうした活躍もあり、彼の給料は月30万円から50万円にアップしていった。

老紳士との出会い

ところが、いい仕事も取ってきてくれる代わりに、トラブルも同様に持ち込んできてしまうという悪い癖が営業部長にはあった。これには時折、閉口させられた。

持ち前の度胸と押しの強さで、いろいろなところからアポイントを取ってくる能力には目を見張るものがあるのだが、それと同時に、詐欺師のような人を連れてきてしまうという欠点があった。

「社長、この前、すごい人に会ったんですよ！」

いつも、こんな調子で興奮気味に話が始まる。

営業部長の言う〝すごい人〟は、自身が創業した会社の会長を務めているらしい。とにかく羽振りのいい老紳士で、力があるのでウチの会社の顧問になってもらったらどうかというのだった。

営業部長の話を聞いていると、かなりのやり手のようで、知り合いになっておくことは自分のビジネスにとってもプラスになりそうだった。彼に強い興味を抱いた僕は、時間をとってじっくり会ってみることにした。

食事をご馳走してくれるとのことで、僕と営業部長は指定された代官山のイタリアンレストランに行った。すると、パーティーか何かが開かれていて、芸能人やスポーツ選手、格闘家など、大勢の著名人が会場にいた。

パーティー会場となっているレストランで実際に会長に会ってみると、白髪をオールバックにした貫禄のある人で、見た目もすごくカッコ良かった。

そのレストランには、芸能人だという会長の娘も来ていた。会長は席に娘を呼びつけると、僕たちに挨拶をさせた。端整な顔立ちの会長の血を受け継いだのか、その娘はとても美人で愛想もすこぶるよかった。この時点で、会長に対する僕の好感度はかなりアップしていた。

極めつけは、会長が、当時、実力と人気をほしいままにしていた若手格闘家と実に親しげに会話を交わしていたことだ。

僕たちが座っているテーブルのちょうど反対側に、その若手格闘家の姿があるのは、すでに僕も気がついていた。少しして、会長もそのことに気がついたのか、彼に向かっていきなり大きな声を出したのだ。

「おーい○○○、ちょっとこっちに来てみろ！」

格闘技が大好きな僕は、間近であの格闘家を見ることができると思うだけで胸が大きく高鳴るほどだった。

「最近、調子がいいじゃないか。これからも応援するから、活躍してくれよ」

会長はいかにも親密そうに話しかけるのだった。格闘家も会長に対して「ありがとうございます！」と応えている。

この光景を傍から見て、僕は不覚にも会長のことを完全に信用してしまうのだった。そんな僕の様子を見て、営業部長も「だからすごい人だって言ったじゃないですか」とでも言いたそうな顔をしている。

これが会長とのつきあいの始まりだった。

儲け話に乗せられるカモ

会長とはそれ以降、時折会うようになった。羽振りの良さと貫禄は相変わらずで、どんなときでも景気のいい話をする。

ある日、僕と営業部長はランチをご馳走してもらったことがあった。待ち合わせ場所で落ち合い、少し歩いてとあるビルの前に到着した。あまり大きくはなかったが、おしゃれな感じのする新しいビルだった。

上階へと向かう入口にはビルの名称が掲げられていて、そこには会長の苗字と同じ文字が含まれていた。

ビルの名前を見ている僕たちに気がついた会長が、さりげなく話をする。

「おう、ここはちょっと小さいんだけど、オレの持ってるビルの1つなんだよ」

僕たちは、会長の話をすぐに信じた。

ランチをご馳走になったのは、このビルの1階に入っているパスタ店だった。落ち着いた内装で、とても雰囲気のいい店だった。

「ここのシェフのヤツをかわいがってやっててさ。まあ、あまり味は良くねえけど、1回行ってみるか？」

そんなことを聞かされつつ、僕たちは店に入っていった。

ウェイターに促されて席に着くと、会長は厨房のほうに向かってシェフに声を掛ける。

「おーい、シェフ。ちょっとこっちに来てくれ」

会長から声を掛けられたシェフは、何事かと思って僕たちのテーブルにやって来た。

「どうだ、おまえ、最近がんばってるか？」

「はい、おかげさまでどうにか」

白髪オールバックの会長に尋ねられ、シェフは頭を下げながら答えている。

「でも、おまえな、さっきトイレに行ったんだけど、汚れているじゃないか。水回りだけはキレイにしておけってあんだけ言ってんじゃないか。ちょっとオレが来ないと、すぐにこれだからな」

（もしかしたら会長はこのレストランのオーナーでもあるのかな？）

そんなことを連想させる1コマだった。

代官山付近を一緒にドライブしていて、高級そうなマンションの前で話を聞かされたこともあった。

「このマンションもオレのでさ、娘が今ここの一番上の階に住んでんだよ」

娘のことは会長の口からしばしば語られるネタの1つだった。彼女はのちに結婚して芸能界を引退することになるのだが、当時はまだ芸能人として活躍していた。この娘の存在も、会長の話に信憑性を与えるひとつの道具になっていた。

何度か会長に会ったあと、いよいよビジネスの話が始まることになる。まずは株の話が持ち出された。

営業部長には、株購入のために会長に金を預けた知り合いがいるらしく、その株が値上がりして4倍ほどの価値になっているとのことだった。そこで僕も、1000万円ほど用意して、会長に預けることにした。

それからというもの、会長はいろいろな儲け話を僕のところに持ってきた。

会長が携わっているブラックタイガー（エビ）の養殖ビジネスへの出資、シンガポールに新しく建設されるカジノへの出資、近々上場される予定の未公開株の購入など、今考えれば胡散臭《うさんくさ》いものばかりだった。だが、僕たちは完全に会長のことを信じきっており、少しも怪しいとは思わなかった。

あるときは、慈善団体の理事にならないかという話をされたこともある。本来なら弁護士でないとその役職につけないのだが、会長のコネで特別に就任させてやるという。詳しく話を聞くと、テレビや雑誌などでしばしば目にする有名な団体だった。

「だけどな、加盟金が300万円必要なんだよ。明日までに用意できるか?」

そうした団体に入っておくことも悪くないと思った僕は、「はい、明日中には必ず振り込みます！」と即答してしまった。

危うく人から騙されそうになるところを、会長に救われたこともある。

東京の丸の内近辺にバイオテクノロジー関連の会社があり、そこの老経営者が財団を運営しているとのことで、そこに出資をするといい商売になるという話がどこからともなく舞い込んできた。変な話だなと思いながら、本当に儲かるのであれば出資してもいいかなと考えていた。

その話を会長にすると、自分も説明会に行くと言い張り、僕と一緒に丸の内の事務所に話を聞きに来た。老経営者による説明が終わり、後日出資をすると言い残して事務所から出てくると、会長が勢いよく話し出した。

「バカ、おまえ、あのじじいは詐欺師だぞ。どっからどう見てもな。そんなこともわかんねえのか。あの事務所だって何かあったらすぐにもぬけの殻にできるように、運ぶと重いような置物とかは何も置いてなかっただろ。もっとおまえ、人を観察しなきゃだめだ、人を！」

確かに怪しい話だった。しかし僕は、老経営者が詐欺師だとは疑うことができなかった。長く生きているだけあって、さすがに会長は人を見る目があると思ったものだ。

こうして僕は、会長のアドバイスにしたがって老経営者の事業に出資をするのを止めたのだった。あとで調べてみると、やはり詐欺だったようで、財団そのものの存在が消えてなくなっていた。

会長の正体

こんな調子で、会長に対する信頼感は膨れ上がり、僕はかなりのお金を会長に託すようになっていた。会長のビジネスのネタは豊富で、100万や200万で参加できるような案件もたまにあり、そんな案件には営業部長をはじめとして、僕の会社の従業員たちもこぞってお金を出していた。

ところが、僕たちから相当額のお金を受け取ってしばらくすると、それまで頻繁にかかってきた電話が一切こなくなった。営業部長に聞いても、最近音沙汰がないとのことだった。最初のうちは忙しいのだろうと思っていたが、1カ月が経ち、2カ月が過ぎようとすると、さすがに心配になってきた。

そこで、まず営業部長と話をした。

「株が値上がりして2400万になったって言ってたけど、あのお金どうなった？」

僕は株購入のために会長に預けたお金のことを聞いてみた。

「あっ、あれは、税金がかかるだろうから、少しずつ上手に戻してやるって言われて、そのままになってます」

「でも、それってなんか怪しくない？」

「催促しても、待ってろって言われて……」

こんなやり取りをしているうちに、だんだんと会長に対する疑いが強くなっていった。会長と知り合ってから3カ月が過ぎて、ようやく僕たちは冷静になりつつあった。

会長が詐欺師だと確信したのは、彼の息子からの電話がきっかけだった。

彼とはそれまでに食事の席などで何度か顔を合わせていた。会長について疑い始めたころ、ちょうどその息子から電話が来て、会長について質問されたのだ。

「正田さん、最近ウチの親父と仲がいいみたいですけど、ウチの親父って何の仕事してるんですか？」

（はぁ？？？）

すでに家を出て独立している息子とはいえ、自分の父親について他人に尋ねるような質問ではないと思ったので、僕は驚きを隠せなかった。

「仕事って、会社の会長をしてるんでしょ？」

そう答えると、息子は「信じられない」という反応をした。

「えっ、そうなんですか？　だったらいいんだけど、ウチの親父、昔からいろいろあって、また変なことしてないかどうか心配なんです。もし親父が何か変なことをしようとしたら、連絡してもらってもいいですか？」

息子からこの話を聞いて、僕たちは会長の嘘にやっと気づいたのである。

目を覚まして振り返ってみれば、おかしなことばかりだった。

僕らがお金を渡した直後は、会う場所も自分の宿泊先だというセンチュリーハイアット東京（現・ハイアットリージェンシー東京）のラウンジなどになり、ソファーにふんぞり返って葉巻でも吸うぐらいの景気の良さなのだが、しばらくぶりに会って話をすると、宿泊先がカプセルホテルに変わっていたり、会う場所もマクドナルドだったりした。

今思うと、僕らが渡したお金がまだ残っている間は高級ホテルに泊まり、それがなくなるとカプセルホテルに移っていたのだろう。

そんな中、携帯電話で会長と話をすることができた従業員がいた。この従業員も会長にお金を渡しており、お金を取り戻そうと必死になっていた。

「お金を返さなかったら、警察に言いますよ」

この従業員がそう伝えると、会長の態度が豹変したという。

「なんだ、このガキ！　今から若い衆を連れていくから、ちょっと待ってろ！」

会長の凄み方は、とてもカタギの人間のものとは思えないほどだったらしい。そのせいで彼は完全にビビッてしまい、「もう自分はあきらめました」と言って白旗を揚げ、二度と会長に接触しようとしなかった。

会長の逃げ切り

一方、僕と営業部長は、どうにか会長に接触して問い詰めようと考えていた。

僕はそのときまでに2000万円以上のお金を会長に預けていた。会長とつきあいのあった周囲の人たちも、株のほかにベトナムかどこかでブラックタイガーの養殖事業があるなどと聞かされて、数百万円の出資をしていた。

僕らは会長に電話をかけ続けた。だが、いくら電話をしても会長は応答しなかった。ところがある日、営業部長と一緒に都内を車で走っていると、偶然、路地から車に乗って出てくる会長を見つけたのだ。ここで逃がしてはいけないと思った僕たちは、車を路上に止め、運転席の会長に話しかけた。その際、こちらが彼を疑っているような素振りを見せることは一切しなかった。

そんな僕たちの様子を見て安心したのか、会長は性懲りもなく新たな出資話を始めた。もはやそんなことはデタラメだとわかっていたが、僕たちは神妙にその話に耳を傾け、後日、さらに詳しい話を聞くために、別の場所で会うことにした。

約束の日、すっぽかされることも十分に予想していたが、会長は時間どおりに待ち合わせ場所のファミレスにやってきた。

飲み物を注文すると、僕たちはすぐに本題に切り込み、「お金を返してほしい」と詰め寄った。それを聞き、最初はのらりくらりとした態度でどうにかとぼけようとしていた会長だったが、それでもこちらが真剣な態度を崩さないでいると、最後は観念したかのような表情になって申し訳なさそうに話し始めた。

「いやあ、オレも悪いと思っているんだけど、知り合いが金を持ち逃げしてしまって、その負債が全部自分のところにのしかかってきちゃってさぁ。今本当につらい時期なんだ」

そんなことを言われても、信じる気持ちなど微塵もなかった。

お互い黙り込んでいると、会長がいきなり「うーっ」とうめき始めたのだった。さらに弱々しい声で、「持病の糖尿の発作が出たから、車にインシュリンを取りに行かせてくれ」と訴えてくる。

そんな光景をそれまで一度も見たことのない僕たちは、大変なことになったとおたおたしてしまい、問い詰めていたことも忘れて「急いで車に行ってください！」と声をあげていた。会長はその言葉を聞くと、胸を押さえながら店から出て行った。その後、車に乗ったかと思うと、驚くほどの素早さで車を動かしどこかへと走り去ってしまった。

僕たちは、その迫真の演技と展開の早さに、一瞬何が起きているのか把握できずにしばらくは呆然としたままだった。そしてこの日以来、僕たちは会長に一度もお目にかかれていない。

嘘のカラクリ

会長に逃げられてから、僕と営業部長は今後のことについて話し合った。彼の息子や娘に連絡し、すべてを話すことも考えた。しかし、彼らには罪はないし、責任を取ってもらうのも酷なように思えた。結局、僕たちは息子と娘に連絡をするのを控えることにした。

その後、時間が経つにつれ、会長の嘘が次々と明らかになっていった。

まず、最初に会ったときに、あたかも格闘家と親密な関係にあるかのように振る舞っていた件だが、実際にはそういった関係ではなく、あのときが初対面だったことがわかった。

このことは、たまたまあの場にいた人から聞くことができた。内輪のパーティーだったため、格闘家も会長のことをどこかの業界の〝偉い人〟だと思ったらしい。有名格闘家をしてそう思わせるだけの貫禄が、会長にはあったということだろう。

それから、持ちビルとパスタ店の件だが、これも会長とはまったく関係のないことが判明した。

会長の居所をつかもうと、僕たちはもう一度あのパスタ店に行ったことがあった。その際、シェフに会長のことを尋ねてみた。質問されたシェフは、実に困惑した様子だった。

「ああ、あの人ですか。たまに来てましたね。でも、ただのお客さんですよ。この店は私がオーナーシェフなので、別にお金を出してもらったりもしていません」

では、シェフとのあのやり取りはいったいなんだったのか。おそらく、ただ単にオーナー気取りで声を掛けただけなのだろう。シェフにしても、たまに来る客に「がんばってるか?」と問われれば、反射的に「おかげさまで」と答えてしまってもおかしくはない。

会長の苗字が名前に含まれたそのビルも、会長のものではないことがわかった。たまたま同じ名前だったので、「自分のビルだ」と吹かしたのだろう。詐欺師の手口の一端を垣間見た気がした。

最初に営業部長から聞いた、会長に株でもうけさせてもらったと言っている人にも接触して話を聞いてみた。もし、実際にお金が返ってきた人がいるのなら、まだ僕らのお金も望みがあると思ったからだ。しかし、残念なことにその人も、会長から増えた増えたと聞かされ配当の何パーセントかを2回か3回もらえただけで、元金のお金が戻ってきたことは一度もないという話だった。その人は、会長の話は全部でためで、もう強硬手段に打って出るしかないと憤慨していた。ちなみに、どのような強硬手段なのか聞いてみると、なんと、会長が持っているプライベートジェットを差し押さえるという。詐欺師だとわかっても、まだ会長がプライベートジェットを持っているという嘘の話だけは信じているその人を見て、会長の嘘のレベルの高さに感心した。

困ったのは、僕が会長を紹介したせいで、何人かの知り合いも詐欺にあっていたことだった。福岡の知り合いは、有名なスピリチュアルカウンセラーの手作りの数珠だと言われて200万円も払ったという。実際にその数珠を見せてもらったが、数珠が入っていた木の箱にカウンセラーの名前がエンピツで書かれているところがいかにもインチキ臭かった。会長からは、本人の直筆だと言われたそうだ。

普段は冷静沈着な知り合いなのに、なんでこんなインチキ臭いものを買わされてしまったのだろう。傍からみれば、詐欺だということが一目瞭然だった。

だが言うまでもなく、同じことが自分にも当てはまった。会長の話は、どれもインチキ臭さにまみれていた。にもかかわらず、僕はまったくそのインチキに気づかなかったのだ。会長に初めて会ったとき、僕は18歳になったばかりで、まだまだ人を見る目が養われていなかった。この点に関してだけは、会長の言うことは正しかったと言える。

第4章

バブルの到来

一晩で30万円

予期せぬ形で人に騙されることになったが、SEO事業やホームページ制作事業は着々と拡大を続け、両方を合わせると年商2億円ほどの規模に成長していた。

このころになると、社内に営業部門と管理部門が立ち上がり、一気に会社としての体制が整っていった。新たに営業部員を採用することにもなり、面接の方法などについても真剣に検討するようになった。例えば、面接のときにこれまでの仕事でもらった名刺の数を聞いて営業スキルを判断しようと考えたり、適性テストを導入したりしていたのもこのころだ。

さらに採用後は、営業マンの教育課程として、取引先との商談にICレコーダーを持参させ、そこで話し合われた内容の書き起こしも行っていた。それを基に「こう聞かれたときには、別の答え方をしたほうがよかったのではないか」とか、「最初にもっとわかりやすく説明をすれば、その後の商談もスムーズに進めることができたのでは」といったアドバイスを与え、営業のスキルアップを図るようにしていった。

日報の書き方にも独自の方法を採り入れた。僕が考えたのは、メールによる日報の作成だった。社員たちが日報を書く場合は、すべて青字を使ってもらうようにした。それを受け取った僕は赤字でコメントを追加して返信するか、もしくは社員が青字で書いた文章を黒字に戻し、「確認済み」として保管して、進行しているタスク漏れを防ぐというスタイルを導入した。仕事で使う手帳に関しても、全従業員共通のものとし、会社で一括購入するようにして、スケジュール管理のやり方も統一するように決めた。

加えて、社内の業務の進め方にもこだわりを見せ、部署によって使用する付箋の色を分けるようにした。例えば、経理が書類に付箋を貼る場合には緑色だけとし、僕が使うのは青、もしくは急いで処理しなくてはならない書類には赤を使うといった具合に、誰が見てもどういう性質の書類なのかが一目でわかるようにルールを整備していったのだ。

まだまだ規模は小さかったが、会社も2度目の引越しを終え、組織としての形はだいぶ固まりつつあった。

決算の時期が近づくと、税理士と打ち合わせをして決算書を作成した。銀行からも営業の電話がかかってくるようになった。それまでの〝会社ごっこ〟のような状態から抜け出し、いよいよ本物の「会社」がスタートしたような気分だった。

堅調な売り上げをさらに伸ばすためにスタッフの増員も行った。アルバイトを含め、10人近くの従業員が常時働くようになったため、オフィスには賑やかな雰囲気が漂った。役員報酬を出せるだけの余裕もでき、僕も給料を毎月しっかりと受け取れるようになっていた。

ビジネスがうまく回り始めたおかげで、毎月数百万円ものお金が銀行口座に振り込まれるようになった。さらに、会社の経費ということにすれば自腹を切らずにいくらでも遊べると都合のいいように解釈していたため、自然と金遣いが荒くなっていった。

このころから僕の散財癖が始まる。東京に出てきてから知り合った友人たちと、僕は連日連夜、遊び歩いた。

お酒をほとんど飲まない僕は、バーやクラブに行っても長居をすることはない。一軒行ったら、ソフトドリンクを頼み、仲間にお酒をおごって、すぐに次の店に移る。これを繰り返し、一晩で20万から30万円ほど使っていく。

遊びに行くのは、六本木や銀座周辺が多かった。女の子がいる店に行くときは、キャバクラで軽く済ませるのではなく、座っただけで10万円近く取られるようなクラブに繰り出した。

散財は夜遊びだけに留まらず、洋服にも相当なお金を使った。19歳から20歳にかけて、僕はグッチにどっぷりとはまっていった。そのはまりようは尋常ではなく、個人の国内年間買い上げ額が第1位になるほどだった。

買い方も豪快だった。店に入ると、マネキンが着ているものを含めて、視界に入ってきたものをすべて買い漁っていった。サイズを確認することもなければ、もちろん試着もしない。店にいた客が驚くほどの〝爆買い〟ぶりだった。1カ月の買い物で、500万円近くは使っていたのだ。

グッチの上客となった僕のもとには、新作が発表されると受注会の案内が届くようになる。わざわざそこにまで出向いて、手当たり次第に買っていった。中学時代にブランド品を買えなかった悔しさを一気に解消するかのような勢いだった。

僕の中では、完全に〝バブル〟が到来していた。しかも段階的に来たのではなく、突如やって来た感じだった。会社も組織化され、僕が細かいところで動かなくてもしっかりと動いていく。もはや怖いものは何もなかった。

会社自体は、新会社法に移行したこともあり、僕が100%の株主だった。もちろん、会社の口座と個人の口座は分かれていたが、会社には僕からの立替金もあり、細かい精算は決算期に行えばいいだろうという考えだった。

知り合いの同年代の経営者もそんな感じでどんぶり勘定の人たちが多く、会社のお金も自分のお金も一緒だという感覚だった。自由になる時間とお金を手に入れた僕は、欲しいものは何でも手に入れるという欲望に絡め取られていた。

コラム⑦ マネジメント

最初の会社は、資本金300万円の小さな会社でした。その後、徐々に社員が増えていきましたが、会社の中で僕が最年少という時期が長い間続きました。

そうなると、いくら社長でも年下の僕の言うことに耳を傾けてくれる人はなかなかいません。表面上は聞いてくれているように見えても、実際にはこちらが言ったとおりに動いてくれないことが多かったのです。そうなると結局良い営業成績は残せず、最初の商材では営業チームを4回作り直したくらいでした。

こうした経験は何も10代の社長だけに限らず、20代で起業し、周囲の人たちが自分よりも年上だったという人にも共通するのではないでしょうか。

こうした状況を変えるには、社長としての習熟度を上げていくしかありません。「社長は自分よりも若いけれど、いつも判断に狂いはないし、言うことを聞いていれば間違いない」と思ってもらえるようになれば、年齢という壁はなくなり、自然と自分の話に耳を傾けてくれるようになります。それまでは、「周囲の人は自分の話を聞いてくれないのが当たり前」と思っていればいいのです。

とはいえ、自分で起業した会社であれば、自分の考えや基準をしっかりと想定しておく必要はあります。社員には最低でもその枠内に入ってもらうように、教育していかなくてはなりません。その辺をあいまいにして、適当に人を雇い入れ、ある程度の人員になったら厳しくしようと考える人もいるかもしれませんが、そうした方法はなかなかうまくいかないものです。

実際、今の僕の会社の状況を見ても、M&Aで後から傘下に入った会社が多いので、それまでのやり方を修正してもらい、僕の会社の方法に従ってもらうようにするのはそう簡単ではありません。業種やその会社のバックボーンによっては、無理に自分のやり方を押し付けないほうがいい場合もあるので、的確な判断をするのが難しいところです。

ただし、こればかりは起業家の好みもあるので、自分の性格やスタイルに合ったマネジメント方法を早いうちから固め、できることなら、社内のルールは最初からきっちりと決めておいたほうがいいでしょう。そうしないと後で大変な思いをすることになります。

ジャック・ウェルチ流やらアメーバ経営やら、マネジメント手法に関する書籍はいろいろありますが、どれを選んだから成功するとか失敗するといった明確な答えはありません。

強いて言うならば、管理部門は競合他社が気づきにくい差別化要素になるので、業界的に慣習化しているようなマネジメント手法があるのだったら、あえて逆の手法を試してみるのも有効ではないでしょうか。自分の性格に合う、合わないといった絶対的な部分がマネジメントにはありますが、競合他社の動向などの相対的な要素があるのもマネジメントです。

福利厚生がしっかりしていない業界だからこそ福利厚生をしっかりしてみるとか、残業や長時間労働が当たり前の業種だからこそ残業なしにしてみるとか、男性がやるのが当然になっているから女性にやらせてみるといったやり方を取り入れ、成功している企業も存在します。そうした手法の導入を検討するのも価値があることです。

カジノ通いの始まり

その後、数年間にわたり、湯水のようにお金を使う日々を続けた。なかでも僕が特に熱を上げたのが、カジノだった。

きっかけは、またもや例の営業部長だった。

「社長、韓国に面白い遊びがありまして、ちょっと行ってみませんか? 自分は最近、週末を使ってちょこちょこ行くんですけど、絶対に儲かりますよ。もし負けたら自分が全額持ちますから、20万ぐらい持って1回一緒に行きましょう」

いつもどおりの調子のよさに、ついつい僕も乗せられて、金曜日の夜にソウルに向けて飛び立った。このときを境にして、僕はバカラにすっかりはまってしまうのだった。

いわゆるビギナーズラックというものなのか、営業部長にルールを教えてもらいながらプレーしていると、あるタイミングで勝ちが連続し、瞬く間に10万円が転がり込んできた。一瞬で儲けるという点ではデイトレードと似ている部分があったが、カジノにはそれとは違った快感があった。プレーを始めて数時間もすると、僕はすっかりバカラの虜になっていた。

カジノにはまった僕を見て、営業部長はいつものように「だから、言ったでしょ」という表情をし、実に得意気だった。だが、引き際を計算しないところが、営業部長のいいところでもあり、悪いところでもあった。帰りの飛行機の中で、彼はこんなことを言うのだった。

「実はですね、社長。自分はバカラの必勝法を知っています。今度はそれを試してみませんか?」

ギャンブルに必勝法などはないと思っていたが、どうしたことか僕は営業部長の言うことを鵜呑みにしてしまった。そしてカジノ2回目となる次の旅行で、1000万円の資金を用意して出かけることを決めてしまうのだった。

営業部長の必勝法とは、よくよく聞いてみたら、掛け金を倍にして賭けていくという一番破産しやすい方法だった。トレーダーの間でも、マーチンゲール法としてよく知られているものだ。多くの勝ち額を求めれば求めるほど連敗のリスクも高くなる非常に危ない手法だったが、営業部長のカウンティングの手法は非常に説得力があったのだった。

ところが、現実はそう甘くなく、2回目のカジノ旅行で、僕は営業部長の言うとおりに掛け金を倍にして賭け続け、最終的に900万円を一晩で失ってしまうのだ。

普通なら相当あせる状況だが、肝が据わっているというのか、ただ単にイカれているというべきなのか、営業部長は状況をあまり深刻に受け止めていない様子だった。

「社長、ゆっくりゆっくりですよ。地道に取り返しましょう。ここからが本番ですよ」

所詮は他人の金だからなのだろう、こんな調子で実に落ち着いている。

「えっ、そういうもんなの？」

あまりの軽さに僕は聞き返した。だが、営業部長のお気楽さは筋金入りだった。

「はい、全然そういうもんです。まったく心配ありません」

「よし、じゃあ、ここから頑張るか。とりあえず今日は寝て、明日からしばらくは韓国に滞在になるね」

僕のほうもかなりイカれていて、彼の調子のよさにうまく踊らされ、どつぼにはまっていくのだった。

翌日、ホテルで目覚めたあと、僕らは再びカジノに向かった。資金は残りの100万円だ。営業部長も自分の小遣いを持ってきていたが、それほど大きい額ではなかったので、すでに使い果たしていた。

だが、彼は根っからのカジノ好きのようで、自分は全然賭けていないくせにバカラ台で繰り広げられる流れを見つめ続けていた。さらに、「社長、次はいいかもしれませんよ」と言ったり、「いやあ、ここは危ないですね」などとささやいたりしながら、あまり当てにならないアドバイスを送ってきた。

100万円からの再スタートは、勝ったり負けたりを繰り返し、結局1週間ぐらいですべてなくなった。これでやっと、僕たちは日本に帰らざるをえなくなった。

従業員の4割が韓国滞在⁉

普通ならこの時点で正気に戻るのかもしれない。だが僕は、それまで以上にカジノにのめり込むことになる。

それからというもの、時間ができるとしょっちゅう韓国に行くようになった。

主戦場は、ソウルのセブンラックカジノだった。

最初は3泊の予定で行くのだが、負け越してくるとどうしても帰れなくなり、しまいには従業員に韓国まで現金を持ってこさせるほどだった。

こんなことをやっていたので、出費がどんどん重なった。現金を運んできた従業員が、自分もカジノをやりたいと言い出し、日本に帰らずに一緒に滞在する場合もあった。持ってきてもらった金がなくなると、電話をかけて他の従業員に現金を持ってこさせた。そしてまたその従業員が帰国せずに韓国に留まってしまう。一時期は、従業員の4割が韓国に滞在しているということがあった。こうなるともう、カジノが会社の保養所になったかのようだった。

僕と営業部長が韓国にいる間、東京では残った従業員たちが真面目に働いてくれていた。何か急なことがあれば、電話口で指示を出し、あとはカジノに明け暮れた。

1日に20時間近くバカラ台に座っていたこともある。疲れると日本からわざわざ持ってきたユンケルを飲み、おでこに冷えピタを貼って勝負を続けた。いよいよ限界というときには、高麗人参エキスの入った栄養剤を飲んでギャンブルを続行した。

仮に100万円単位で負け越しても、事業収益がコンスタントに入ってくる。

「まっ、いいか」

いくら負けが続いても、僕の心境はそんなものだった。


結局、カジノには丸1年間はまり込んだ。その間、少なくとも20回は韓国に渡航したと思う。たいていは3泊の滞在だったが、負けが込むと10日間以上にわたって泊まることもあった。

1回の滞在で使った金は平均すると500万円くらいだろうか。20回の渡航のうち、持ちこんだ額よりも多くの額を日本に持ち帰ってきたことは一度たりともなかった。あの1年間だけで、僕は相当な金額を韓国のカジノに注ぎ込んだことになる。

コラム⑧

カジノで客が勝てない理由

カジノで勝てない理由のひとつに、控除率の存在があります。控除率は還元率とも言われ、ルールを調整することによって胴元側に有利になるように設定されています。例えば、パチンコの場合、控除率は3割ほどであり、長時間遊べば必ず客は負けるような仕組みになっているのです。

カジノの場合、控除率は5％と言われていて、毎回プレーするたびに資金が5％ずつ減っていきます。そのため、延々とプレーを続けていけば、客は最後には必ず負けてしまいます。

ただし、実際にお金が減るスピードは、5％どころではないくらいの早さで減っていくように感じるから不思議です。5％という控除率であれば、減るスピードはもっとゆっくりのはずなのに、なぜかあっという間になくなってしまいます。

ところで、カジノ全体の仕組みを考えると、金融の仕組みに相通ずるところがあることに気がつきます。

そもそも銀行がなぜ儲かるのかというと、利息を取っているからです。しかし、よく考えてみると、銀行が実際にお金を貸しているケースはそれほどありません。それなのに、利息はしっかりと取っているのですから儲かるはずです。

どういうことか説明してみましょう。

例えば、A銀行からB社がお金を借りたとします。B社はC社から商品を仕入れるためにお金を借りたのですが、その際にC社がA銀行の口座に商品代を支払うように要請してきました。こうなると不思議なことが起こります。

A銀行が貸し付けを行ったB社の口座からC社の口座にお金が移るだけですから、実際にはA銀行からお金は一切出ていっていないのです。にもかかわらず、A銀行はB社から利息を取ることができるので儲けを出していけます。これが銀行が儲かるカラクリのひとつなのです。

カジノにも似ている部分があります。自分たちが負けても現金を出すわけではなく、チップで支払いを済ませている点です。反対に、客側がそのチップを手に入れる場合には現金を出さなくてはいけません。つまり、こちらが換金をしない限り、カジノ側は延々とチップで支払いを済ませることができるのです。

チップだけ出していればいいカジノと、毎回チップを購入するために現金を出さなくてはならない客側を比べれば、当然、限られた資金で勝負をしている客側が先に破産してしまうことになります。

カジノで勝てない理由は、カジノ側が自分の懐を痛めずにいくらでも勝負ができるという仕組みにあるのです。

ホテル暮らし

カジノに通い詰めながら、一方で僕はホテル住まいをしていた。宿泊していたのは、主に新宿のヒルトン東京だった。それ以外には、セルリアンタワー東急ホテルを中心とした東急系のホテルが多かった。

泊まっていたのはスイートルームで、1泊7〜8万円くらいの宿泊費がかかった。ネットで予約をすればかなり安く泊まれると知ったのは、かなり後になってからのことだった。

それなりのお金はかかったが、ホテル暮らしは実に効率的だった。部屋の中で仕事の打ち合わせはできるし、部屋が嫌なら下の階のラウンジで人に会えばよかった。外に出たくないときは、1日中ホテルにいた。腹が減ったら電話1本で食事も注文できる。飲み物も冷蔵庫に入っているので、コンビニに行く必要もなかった。洗濯もすべてホテルのクリーニングに頼んでいた。

ソフトバンクの孫正義さんも、若いころにホテル暮らしをしていたと何かの本か雑誌に書いてあった。ホテル住まいをしていたころの僕は、もしかしたら彼と同じことをしている自分に少し酔っていただけなのかもしれない。

ホテルに住んでいたので、所持品はあまりなかった。いわゆる普通の人の家にある家財道具、例えばタンスとか本棚というものも当然なかった。

一時期、グッチにはまって大量の洋服を買い込んでいたが、それらも人にあげ、処分してしまった。下着類については、コンビニやユニクロで1度に大量に買い、1回着たら捨てていた。

グッチ熱はすでに冷めており、洋服を買うときは新宿の伊勢丹に行った。当時の僕は、ここを自分の「クローゼット」のように使っていたのだ。

新しい洋服が欲しくなったら伊勢丹に向かう。そこで気に入ったものを試着し、気に入るとすぐに買った。着てきた服は脱いだまま、「これ、捨てといて」と言って、店を出た。

食べるものにも相当なお金を使った。コンビニ弁当などで済ませることはなく、ホテル内の鉄板焼きの店や寿司屋で食事をした。

自分で会社を興し、誰の世話になるわけでもなく独立して暮らしているという意識が強かったため、贅沢をすることに後ろめたさを感じることはなかった。

服や装飾品を買うだけの余裕がありながらも、僕は決しておしゃれな人間ではなかった。その証拠に、髪型はいつも坊主で、無精ひげも伸ばしたままだった。ブランド物ばかり買っていたが、着こなしにこだわるようなことはなく、着られるものなら何でもよかった。

洋服と同様に、持ち物にもあまり執着せず、自分の荷物は大きめのボストンバッグ1つだけだった。バッグの中には、適当な着替えとケータイの充電器、そして数百万円分の札束が入っていた。

スーツが必要だと思えば、ドルチェ&ガッバーナに行き、「一式ください」と言って勧められるものを黙って買った。遊びに行きたいと思えば、今度はまた別の店に入り、「帽子からサングラス、靴下、スニーカーまで全部ください」と伝え、着てきたスーツはその店に脱ぎ捨てた。カジノに行きたいときは、カジノ側が高額プレーヤーを対象に用意してくれる航空券を利用し、ソウルに飛んだ。

金離れのよさを誰かに見せびらかしたいわけでもなければ、それをかっこいいと思っていたわけでもない。無意識のうちにそういう生活を送るのが当たり前になっていたのだ。

ホテル暮らしをしていたころは、自分より一回り以上年上の人たちとよくつきあっていた。彼らのほとんどがＩＴ系企業の経営者たちで、堀江貴文さんに憧れて起業した人たちが多かった。

夜になると、「六本木のどこどこの店にいるよ」というメッセージが入り、そこに行くと、いつもの仲間が集まっていた。たまに仕事の打ち合わせをしようという連絡もあったが、オフィスで会うのではなく、キャバクラで軽く話そうというノリで、結局、真剣な仕事の話をすることはあまりなかった。

当時はＩＴ系のサービスをやっているというだけで簡単にお金を稼げる雰囲気があった。そのため、ＩＴ系を看板に掲げる会社が数多く存在した。そうした会社の経営者のほとんどが、将来の株式上場を夢見ていたのである。ところが、すぐに市場は飽和状態になり、独自のＩＴ技術を持っていない営業専門の会社は次々に淘汰されていった。

そのころ一緒に遊んでいた経営者たちの会社は、ほぼ全滅に近いかたちで倒産している。潰れていないところも、業績が良くないという話をよく耳にする。

夜遊びを頻繁にしていたころは、地元の名古屋に帰ると同級生たちを誘って食事をおごったり、キャバクラに連れていったりした。

彼らはもともとお金持ちの家の子どもなので、普段から潤沢な小遣いをもらっていたが、さすがに豪遊できるほどのお金を持っている人はいなかった。中学校に入学したばかりのころは、誰もが僕よりもお金を持っていたが、今では僕のほうがはるかに金回りが良くなっていたのだった。

第5章

模索と修業

会社売却

ＳＥＯ事業は相変わらず安定した収入をもたらしてくれていたが、徐々に以前ほどの勢いはなくなっていくような気がしていた。なぜなら、ＳＥＯを巡る環境が大きく変わりつつあったからだ。

ヤフーやグーグルがキーワードの処理に関するロジックを変更するたびに、僕らは彼らがどのようにロジックを変えたのか推測しなくてはならなかった。リバースエンジニアリングといって、コンピュータの動作を解析し、どのようなロジックに変わったのかを突き止めるのである。

このロジックの設定の仕方が年々一般的になってきたため、リンクをたくさん所有できる資本力のある会社がＳＥＯに有利になるのは明白だった。当然ながら、そのようなＳＥＯ会社の台頭をヤフーやグーグルが許すわけはない。リンク先のソースや多様性、信頼度などがより重要視されるようになり、結局のところメディアとかコミュニティ要素を持っているサイトが上位表示されるようになってしまう。そうすると、

ＳＥＯ事業はあまり割のいいビジネスではなくなってきてしまうのではないか、と考えたのだ。

ＳＥＯ事業ばかりに頼るのは危険だと考えた僕は、ポータルサイトを運営して一発当てることを考え始めた。難しくなってきたとはいえ、ＳＥＯの機能を使って上位表示させる力はまだあるので、何らかの人気ポータルサイトを作れる見込みは十分にあった。


では、どんなジャンルのサイトを作ればいいのか。そこで最初に思いついたのが、求人関連のものだった。これを皮切りに、僕たちは様々なポータルサイトを作っていく。医療系から不動産まで、思いつくものは何でも作った。完全に絵に描いた餅で終わってしまったが、ネット証券会社の設立まで考えて真剣に動いていた。作ったサイトの中のいくつかは軌道に乗り、うまくいったものはサイトごと売却。うまくいかないものは閉鎖した。

２００５年11月、ＳＥＯ事業を行っている業界大手の「アウンコンサルティング」

が東証マザーズへの上場を果たした。このニュースを聞き、僕は、このまま踏ん張ってSEOの事業者として上場することを考えるようになる。アウンコンサルティングに続けとばかりに、急遽、営業部門を強化して、地方のホテルにまで営業をかけたり、上場を見据えて監査法人とも契約したりするほどの力の入れようだった。

ところがしばらくすると、同じくSEO企業の「フルスピード」が近々上場するという話が出てきた。この時点で僕は考え方を見直し、SEO事業から徐々に撤退していくことを決める。

そう決めたのは、SEOのような業種は、先行している2社くらいまでにビジネスメリットが集中しやすく、後発の企業はジリ貧に陥りやすいという考えがあったからだ。これに加え、僕自身がプログラミングやSEOのシステムのことを詳しく知っているわけではないという事情もあった。

エンジニアではない僕は、何かのプロジェクトを始めようとしても、エンジニアの知識がないのでとりまとめ役を務めることができない。したがって、仮に知識のないまま何かのシステムを作ろうとなった場合、全体の設計を把握できないままプロジェクトが進んでいってしまうことになる。

そうなると、システム上に発生したバグを発見できないケースなども考えられ、最終的にシステムを立ち上げようとすると部分的な不具合に悩まされることが予想できた。これでは、コストダウンを図りながら大掛かりなプロジェクトを円滑に統括することなどはとても望めず、ＳＥＯ事業を拡大させていくことについて不安を払拭することはできない。


自分と同時期に始めた会社が数多く上場したり世間をにぎわせたりする中で、自分の会社がそうならなかったことを残念に思う反面、可能性の低いことに賭け、大きな損失を出すことも避けたかった。

ここで考えられるのは、プログラミングのスキルを習得してプロジェクト全体を見通せるようになる道に進むか、ほかの能力を伸ばしていく道を選ぶかのどちらかであった。

実はこの時期、上場を目指したりポータルサイトを立ち上げたりする過程で、僕は金融というものに興味を抱くようになっていた。日本政策投資銀行がポータルサイトを担保に融資を実施していたり、僕自身ポータルサイトの証券化ができないかと思っていろいろ調べたりしているうちに、金融の知識が少しついてきて、会社経営をする上ではインターネット事業だけでなく、まだまだ学ぶべき分野がたくさんあるということに気づいたのである。結局、ＳＥＯ事業でのスピード勝負はうまくいかなかったのだと自分に言い聞かせ、少し遠回りになってしまうかもしれないが、20代は様々な分野で経験値を上げる時期にしていこうと決意した。

最終的に僕が取った行動は、これまで育て上げてきた会社を売却するというものだった。ただし、一括で売却するのではなく、部門ごとに切り売りをしていくことにした。ＳＥＯ事業とウェブ制作事業は実は相関関係は少なく、販管費などがかさんでいたため、1社として売却してしまうとディスカウントされる原因になると考えてのことだった。

最初に事業譲渡したのは、ウェブ制作事業部だった。規模としてはそれなりの仕事をこなせるようになっていたので、８０００万円ほどで売却することができた。

この部門を切り離してから、次にＳＥＯ事業部門を含めた会社全体を７０００万円で売却した。売却額は、合計すると1億5000万円だった。税金や諸経費などを引いていくと、僕の手元にはおよそ9000万円が残ることになった。

この時点で、それまで一緒に働いてきた従業員たちは所属する事業部の売却先にそれぞれ移っていった。

創業メンバーだった仲間たちのほとんどは売却先の会社で働くことになり、僕らは別々の道を進むことになった。

一方、営業部長だけはどこにも移籍することなく、なぜか僕の元に残ったのだった。

コラム⑨ 事業計画を作る際に見落としがちな点

僕は現在、出資の相談を受けることが多く、1年に50件近くの事業計画が持ち込まれるのですが、それらを見ていると、事業計画の作成者が頻繁に見落としている点があることに気がつきます。それを2つほどご紹介します。

まず1つめが、「なぜその事業を自分がやる必要があるのか」という説明です。使命感とかミッションステートメントといった抽象的なことを言いたいわけではありません。ビジネスでいい結果を出すには、何をすれば儲かるかを考えるだけではなく、なぜ自分がそれをやると儲かるのかを考えることが大事だという話をしたいのです。

例えば、iPhoneのアプリが流行っている状況を受けて、アプリ開発をすれば誰でも儲かるのかと言うと、決してそんな単純な話ではありません。

やはり、自分がやるからこそ儲かるのだという根拠を考えてみる必要があります。ところが、実際はこの部分をないがしろにしている事業計画が多いのです。こうした事業計画を見ると、マーケット分析にばかり力を入れ、「この市場の何%を取れば、これだけの収益が上がる」という説明に重点を置いているものが目立ちます。

「自分はこのベンチャーで、業務の立ち上げから今まで、ほぼ1人で携わってきました。プロダクトの品質管理もできますし、クライアントも自分が独立したらついてきてくれると言っています。しかも、5〜6人の従業員が自分の会社の立ち上げをサポートしてくれます」

倫理的にいいかどうかは別にして、こうした背景があるのならロジックとして成り立ちます。そうではなく、「まったく知らない業界だけど、この業界は拡張しているので自分が参入しても儲かりそう」といった程度の根拠であれば、途中で挫折する可能性は非常に高いと言っていいでしょう。僕は当時、一発当てることばかり考えていて、この視点が欠けていました。

こう言うと、「そんなのハードルが高すぎて、起業なんてなかなかできないじゃないか」と思う人もいるかもしれませんが、その感覚はいたって正しく、起業というのはもともと気軽にできるものではないのです。運動神経の鈍い人がスポーツ選手になったら苦戦を強いられるように、生半可な計画で起業に乗り出せば、相当の苦労を背負いこむことになります。

苦労を避けるには、事業計画を立てる以前に、自分が勝てるマーケットの狙いを定め、まだ自分が勝てる条件を満たしていないと思うのであれば起業を延期すべきです。今始めないと儲からないと思う人もいるかもしれませんが、会社経営において半年くらいの遅れは微差ですし、そもそもスピード勝負になるようなマーケットは他社と食い合いになるだけです。

起業は、自分だからこそ同業者の中でトップ1％に入れるというロジックと、今だからこそ世の中にこの事業は受け入れられるというロジックの2つが合わさり、初めて勝算が見えてきます。

さて、自分が本当にやれると思うビジネスが見つかり、実際に事業を始めることになったとしましょう。このときによくありがちなのが、商品やサービスの価格をいい加減に決めてしまうことです。こちらが2つめになるのですが、価格設定を間違ってしまって後悔する事例が結構多いのです。

「競合がこのくらいの価格で販売しているので、それより少し値段を下げてみました。弊社の製品にはほかにもAやBの機能がついているため、競合よりも少し低い価格なら確実に売れるでしょう」といったプレゼンをよく聞くのですが、価格の高低は利益率に直接関わってくるため、安易に競合他社よりも少し安い価格設定にしておこうなどと考えるべきではありません。

京セラの稲盛和夫さんの本に、「値決めは経営」という文言が出てきます。その本には、「商売の秘訣は、お客様が納得して、喜んで買ってくださる最高の値段を見抜き、その値段で売ること」と書いてあります。「喜んで買ってくださる」だけでなく、「最高の」値段を決めなければならないのです。興味のある方はぜひ、『稲盛和夫の経営塾　Q&A　高収益企業のつくり方』（日経ビジネス人文庫）を読んでみてください。起業をする際に必要ないくつものヒントに触れられるはずです。

フリーペーパーと女子大生

会社を売却した僕は、次に始めるべきビジネスを探りながら、片手間にいくつかの事業に乗り出していた。

そのうちの1つが、フリーペーパーの制作だった。

そのころ、クライアントの紹介で知り合った女子大生がいて、話をしているうちに彼女が仲間たちとフリーペーパーを作っていることを知った。彼女によれば、「都内の女子大生が作るフリーペーパー」というフレーズを売りにして、なんと隔週で3万部も発行しているという。ところが、詳しく話を聞いてみると、どうも〝悪い大人たち〟に騙されているようだった。

フリーペーパーには、リクルートなどの大企業が広告を出していて、裏表紙一面の掲載料だけで100万円もの金額をもらっていた。それに加え、他社からも広告費を受け取っていて、年商にすると1500万から2000万円規模のフリーペーパーだった。

しかし、女子大生たちはそういった観点からフリーペーパーを見ることができていなかった。雑誌の編集ができて、それが発行できるだけで満足していたのだ。

広告費は間に入っている広告代理店がほぼすべてを持っていってしまって、制作スタッフの女子大生たちには小遣い程度のお金しか与えていなかった。それを聞いた僕は、広告運営の主導権を女子大生側に取り戻し、彼女たちに収益がもたらされるような形に組み立て直した。

その後、僕自身も運営に関わるようになると、アパレル企業から協賛金をもらって、女子大生たちによるファッションイベントを企画するなどした。読者モデルをやっていた女子大生たちを、本物のモデルよりも安価なギャラで数多く使うなどして、見栄えの良い販促物を作成することも可能となった。そうしたことをしながら、フリーペーパー事業に対する出資を進めていったのだ。

リクルートが広告を出しているのだから、他の大手企業も広告を出してくれる可能性が高いと思った僕は、他企業にもアプローチしてみた。すると、想像していたよりも簡単に広告を取ることができた。

さらには、フリーペーパー上でキャンペーンを実施し、読者がケータイの契約をソフトバンクに変えた時点でソフトバンクからキックバックが入ってくるような仕組みも導入した。

いろいろと関わっていくうちに、僕はそのフリーペーパーの運営面を仕切るようになっていた。その後、コンスタントに収益を上げられる形に整理すると、僕はそのフリーペーパーを某インターネット企業に売却する計画を立てた。女子大生たちは、その企業の傘下に入ってフリーペーパーの発行を続けられることになり、売却話をまとめた僕は、短期間で数千万円の報酬を手にすることができたのだった。

再スタートの兆し

フリーペーパーを売却してからも、何をすべきかを考える日々が依然として続いた。自分の中で決めていたのは、インターネットに関連する事業だけには携わらないということだった。

理由は、自分が慣れているインターネット事業で収益を上げてばかりいると、成長するために会社を売却したのに、その意味がなくなってしまうからだ。しかし、会社売却後なので、当然、毎月安定的に収益が見込まれているわけでもない。資金が減る不安もあり、何度か挫折しかけた。だが、ここで少しだけと言いながらインターネット事業に戻ってしまうと、自分は惰性で流されてしまい、圧倒的成長は起こらない気がした。

その意気込みまではよかったが、手元にそれなりのお金があったため、すぐに次の動きに入ることはできず、相変わらず僕は金遣いの荒い生活を送り続けていた。

このころの僕は、新宿のヒルトン東京に住んでいた。食事も基本的にはホテル内で済ませ、夜になると六本木界隈に繰り出した。気分転換にソウルに飛び、カジノに入り浸ることもしばしばだった。

生活が乱れるにつれ、怪しい儲け話を持ち込む輩が寄り付くようになった。相手にしないことがほとんどだったが、たまに騙されて数百万円単位のお金を吸い取られた。

こんな生活を送っていたので、当然、手持ちのお金が減っていくスピードも早かった。その後、いよいよ預金が底をつくぞというころになって、ようやく経営者としての勉強を本格的にスタートさせる気力が湧いてきたのだった。

コラム⑩ 常に勉強が必要

ここでは、成長を続けるには勉強が欠かせないという話をしたいと思います。

組織で働く人の能力というのは不思議なもので、ある従業員が時の経過と共に出世していき、どこかの役職に就いたタイミングで、それまでの能力がウソのように役に立たなくなり、成長さえも止まってしまうことがあるようです。

例えば、課長の仕事はそつなくこなしていたのに、副部長に出世した瞬間、どういうわけかミスが多くなり、正しい判断を下せなくなってしまうのです。

こうした現象は、社会学でよく扱われるテーマのひとつで、「ピーターの法則」として説明されます。社会学の世界では、職務のハードルを上げていくと、どこかの段階で能力の限界に到達してしまうため、こうした現象が起きるのを防ぐために組織的な階級を作るのはよくないのではないかという議論がなされているようです。

実は、この現象は従業員にだけ起きるのではなく、企業のトップにも起こり得ると言っていいでしょう。会社がまだ小さいころは辣腕をふるっていた経営者が、会社がある一定の大きさになった段階で、それまでのキレがなくなり無能な状態になってしまうことがあるのです。

例えば、年商1億円の会社であれば上手に経営できていたのに、年商10億円の会社となると、求められる能力も変わってくるため、それまでのようにうまく会社を経営することができなくなってしまうことがあるのです。

会社が大きくなれば、それにつれて環境も変わり、経営のスタイルもそれまでとは違ったものが求められます。となると、やはりトップである自分も変わっていかなくてはなりません。会社の成長に合わせて自分も成長していかないと、会社経営を続けることはできないのです。そこで必要なのが、勉強です。

では、どんな勉強をすればいいのでしょうか。おすすめなのが、公認会計士の試験科目を勉強することです。ここには、経営者として身につけておくべき必要最低限の知識が詰まっています。

公認会計士試験科目には、基本的に財務会計論、管理会計論、監査論、租税法、企業法のほか、民法、統計学、経営学、経済学が含まれます。

これらはどれも、経営者であれば知っておいて損はないことばかりです。小さな会社からスタートさせた経営者たちは、こうした知識についてわかっているようで、実際はあまりわかっていません。上場企業を含む様々な会社から研修の機会をいただくことがあるのですが、基礎的な内容でもしっかりと理解している人はかなり少ないように感じます。やはり、こうした知識は一度じっくり座学で身につける必要があります。

例えば、会社の組織形態にはどのようなパターンがあるのかというようなことは、いくら会社経営の経験があってもわからないものです。ただし、会社を大きくしていくのであれば、将来的に取締役会設置会社にするのか、監査役設置会社にするのかという知識はそのうちに必要になってきます。

そのほか、公認会計士試験科目を勉強すると、複式簿記や税金に関する知識も学ぶことができます。民法と企業法を勉強しておけば、契約書だって最低限読めるようになるでしょう。

これだけのメリットがあるので、公認会計士の試験科目を勉強することは非常に実利的だと言えます。

では、会計士の試験科目だけを学んでおけば十分かというと、そうではありません。

M&Aをする際の税金シミュレーションに欠かせないのは、組織再編税務という知識になりますが、会計士の試験科目にはこの内容がまったくカバーされていません。そうなると、組織再編税務は別途勉強する必要があります。

さらに、海外展開を考えているのであれば、移転価格税制について理解しておいたほうがいいでしょう。会計士の試験科目は基礎的な知識を問うケースが多いのですが、実務で使う知識というのは、さらに踏み込んだものが必要になってくるのです。

ただし、組織再編税務についての知識を身につけようにも、実際には基礎がなければその内容を理解するのは難しいと思います。そうなると結局、基礎的なことから勉強していかなければなりません。

こんな話をすると、「わからないことがあれば税理士や弁護士の助けを借りればいいではないか」と言う人がいますが、ある程度のことがわかっていないと、税理士や弁護士に何を聞けばいいのかさえもわからないのではないでしょうか。

「繰越欠損金の処理が問題となりそうだな」

「独占禁止法が問題になりそうだな」

このくらいの問題意識を持てるレベルでないと、そもそも相談したほうがいいのかどうかの判断もつかないでしょう。さらに言えば、「通達のどの部分の問題か」とか、「会社法の何条のこの解釈が……」というように論点がしぼれたほうが、回答もスムーズに得られます。

自分自身である程度の見通しを立てておいて、その上で「詳細についてはどうなのか？」という聞き方をすれば相手もピンポイントで答えてくれますが、漠然とした質問をするだけでは、相手からも漠然とした答えが返ってくるだけです。

元来、税理士や弁護士が役割を果たす場面は、契約締結後の税金の処理をする場合や、なんらかのトラブルが起きたときで、契約締結前から細かく関わってくることはそれほど多くありません。

知識を身につける努力をせずに、完全に彼らの力に頼るのであれば、M&Aなどの契約を交わす前に、どのようなスキームだとどれだけの税金が発生するのかなどのシミュレーションをしてもらうなどして、ベストな方法を探っていくべきです。しかし、こうしたことを頼むには、当然ながらフィーを払わなければなりません。加えて、ある程度の知識が自分にないと、税理士や弁護士のノウハウを効率的に引き出すことはできないはずです。

間違えないでほしいのは、起業には公認会計士や弁護士の資格が必要だという話ではない、という点です。資格の勉強は、知識を覚えることがその目的の大部分を占めますが、起業家はそれだけでは足りません。法的な問題があれば、その代替案を考えるのが起業家の仕事です。あるいは会計的に問題があれば、そのリスクをヘッジするために何か手を打つのか、それともそのリスクを取る前提で事業を組み立てるのかを考える必要があるのです。

知識をただ集めるのではなく、それらの知識を事業に結び付けて具体的に理解して落とし込んでいくことが会社経営を行う上での優位性になり、それを手に入れるには、やはり自分自身で勉強をするしかないのです。

会社経営で遭遇するイベントは、ある案件に対して１００％理解、吸収していなくても、時間とともに勝手に進んでいってしまいます。１つの案件の最中に、そこからどれだけ吸収するように努めるかの意識次第で、長期的に見ると自分の能力の伸びしろが大きく変わってきてしまいます。

案件の最中は、集中力も増しています。案件が終わってから学ぼうと思っても、次の案件が始まってしまってはなかなかその時間はとれません。

手を抜こうと思えばどこまでも手を抜くことができるのが社長業の怖いところですが、「学べるときに極力学ぶ」という意識を僕は常に持つようにしています。

将来のための「修業期間」

経営についての勉強の第一歩は、インターネットビジネスとは一切関係のない専門知識を身につけることから始まった。

これまで会社を経営してきてはいたが、会計や財務、税務、法務といった知識が僕には少ないように感じていた。いや、厳密には少なくはないのだが、体系立てて習得したものではないため、たまに根本的なことでわかっていないことがあった。そこで、経営の基本であるこれらの領域から勉強することにした。

とはいえ、何をどう学べばいいのかさっぱりわからなかった。考えた末に、会計、財務、税務に関する本を簡単なものから難しいものまで、ざっと一通り買い揃えてみた。

最初は売れ筋のものをただ読むだけだったが、そのうちに僕なりの本の選び方を編み出していった。

その読書法とは、例えば銀行からお金を借りる方法を知りたいと思ったときは、そのものズバリの「銀行からお金を借りる方法」といったようなタイトルの本を読むのではなく、あえて逆の発想をして、銀行員が貸し出しをする際の業務について書かれた本を読むというものだった。また、銀行員向けに内部で配られるトレーニングブックを手に入れて、それを読んで貸出業務に関する知識を得ることもあった。

これとは別に、金融のことを知りたいときは、それに関連する本を十数冊選び、立て続けに読んでいった。そうすると、「この著者が言っていることはわかりやすくて的確だけど、こっちの著者が言っていることはわかりづらいな」と判別できるようになった。こんなふうに比較読みをしていき、いいと思った著者の本はすべて読破するという方法を繰り返した。

この際に重要なのは、ただ単に巻末に記されている参考文献を見てみるだけでなく、本の中に出てくる人たちにも注目してみることだ。著者が教わった人物や尊敬している人物についてもメモを残しておき、彼らが書いた本を探して読むようにする。ここまで手間をかけることで、普段ならそうお目にかかれない良書と出合うことができる。

各ジャンルでお気に入りの著者ができると、その人の連絡先をネットで調べ、実際にコンタクトを取ることもあった。その後、直接お会いして、その人に直接教えを乞うという方法で学んだりもした。

本の著者にいきなりコンタクトを取ったと話すと、たいていの人が驚いた反応を見せる。「門前払いを食らうに決まっている」と考える人が多いのだ。だが、実際にコンタクトを取ってみると、意外かもしれないが喜んでくれる人がほとんどだった。

本の著者の中で僕が一番お世話になったのが、ベストセラーを連発しているあるコンサルタントの方だった。彼は、どこの若者かもわからない僕からのアプローチを拒むことなく、快く面会の約束をしてくれた。その寛大さに感謝しつつ、僕は彼の事務所を訪れた。

いざ話を聞いてみると、本には書かれていないことまでいろいろと教えてもらうことができた。そうした話を聞きながら、改めて著者にコンタクトしたのは正解だったことを確信した。

その他、小売業の在庫管理について、かなり難しいことが書かれている本があった。内容は興味深いのだが、わからないことがあったので、この著者にも電話で連絡をとり、面会させてもらった。

実際にお会いすると、僕はわからない点を順番に聞いていった。

「この本はね、結構難しいことが書かれているから、わからない人は多いだろうと思ったんだけど、こんなにしっかりと読んでくれていた人がいたとはね。ありがたいね」

感謝するのはこちら側なのに、逆に僕が感謝されてしまうのだった。


先ほどのコラムでも触れたが、資格専門学校で配布される公認会計士の資格取得のための教材を買い、それを読みながら経営についての勉強をしたこともある。すべての教材をそろえると合計で80万円近くかかったが、専門学校で使われる教科書は非常にわかりやすく作られており、これを読んだことで会計学の知識は一通り頭に入れることができた。

そのほか、学びたい事柄が出てくると、専門家の人たちにマンツーマンでレクチャーをしてもらったりもした。当然、授業料は高くついたが、将来のための投資だと思い、いろんな分野の人から有用な知識を授けてもらった。

こんな話ばかりしていると、やたらと勉強熱心で、一度決めた計画は最後までやり通すストイックな人間のように映るかもしれないが、もちろん、途中で気力が続かなくなり、怠けてしまうこともよくあった。ただし、必ずまたどこかで自分を奮い立たせ、上手に気持ちをコントロールしながら、元の軌道に戻れるように仕向けていった。

独学で経営について学びながら、次なるビジネスについてアイデアを練るという「修業期間」は、1年半から2年の間続いた。修業のために使ったお金は、およそ1000万円に達していた。

お金がなくなっていくストレスはあったが、将来のために知識を得るほうを優先させた期間であった。

コラム⑪　読書のメリットとデメリット

おそらく通算で3000冊以上の本を読み、本から多くのことを学んだ僕ですが、読書にはメリットだけでなくデメリットもあるということをお伝えしておきましょう。

まずデメリットについてですが、ビジネス書というジャンルは小説などと比べ脚光を浴びることが少なく、本当に実用的な難易度の高い専門書はそもそもあまり売れないため、見つけること自体が難しいのです。

さらに言うと、自分の理解力を超えているものについては、いくら読書をしたところで身にならないという欠点もあります。

つまり、著者の主張を理解した場合に限って、自分の考えや行動をその内容に照らし合わせつつ、自分自身の言動を振り返ることができるのですが、そうでなければその本を能動的に活用することはできません。すでに理解している事柄があり、それに関する理解をさらに深めていく場合には読書は向いていますが、苦手な領域に関して学ぼうという場合は、いくら本を読んでもなかなか知識を取り入れることができないのです。

となると、読書によって学べるのは、最大でも自分の理解のレベルを少しだけはみ出したところくらいまでの範囲となります。

そうなると、すでにわかっていることを確認するだけの読書に意味があるのかという疑問が生じてきます。

これに加え、1冊の本を読むのには、結構な時間がかかるという面もデメリットではないでしょうか。難しい本になると、読み終えるまでに相当長い時間がかかるものです。だからと言って、すぐに読み終えてしまうような本であれば、学びが少ないということも考えられます。

このほか、著者が本を書き終えてから実際に本が出るまでにはタイムラグがあるので、そこに書かれている内容は最新情報ではないというデメリットもあります。手放しで読書を礼賛する傾向がありますが、実はこれだけのマイナス要因が存在するのです。

もちろん、読書にはメリットもあります。

世の中には経験だけでは学べないことも多く、その場合はやはり座学（読書）を通じて勉強していくしかありません。

例えば、複式簿記。いくら実務での経験があっても、一度しっかりと本と向き合わないと理解することは難しいでしょう。

それから読書には、著者の考え方をゆっくりと吸収していけるというメリットもあります。仮に著者と知り合いで、普段から会話を交わす間柄であったとしても、その人物が書いた本を熟読すると、それまで窺い知ることのなかった深い見識に触れることができたりします。

本の中には、著者が読んだ書籍が紹介されていることもあります。これらを参考にしながら芋づる式に読んでいくことによって、まとまった概念を理解することもできます。これなどは読書特有のメリットと言っていいでしょう。

そのほか、著者が大きな影響を受けた人の名前が出ていれば、その人の著作を読むことで自分もいい影響を受けられるかもしれません。また、読書を数多くすることで、資料を読み込む速度が速くなります。

確かに、ビジネスの世界に読書は必要ないと割り切って、経験を積み重ねたり自分の頭で考えたりすることで力をつけていくことも正解だと思います。しかし、ビジネスの場面で資料を読み込む必要がある場合は多く存在します。特に大きな案件になればなるほど、資料の数は正比例して増えていきます。それらの資料をじっくり読み込むことができる時間を毎回必ず確保できるという保証もありません。1時間という限られた時間内でなるべく多くの資料を読み込んで情報をインプットしておきたいと思う局面があったときに、情報吸収速度が速いというのは大きなアドバンテージになります。これも普段から読書をしておく副次的なメリットだと思います。

僕が良いと思う「本とのつきあい方」は、自分の成長段階や状況によって、本との距離を変えることです。

例えば、集中して知識をしっかりと身につけたい時期は、「二度読み」といって、本を一度読んだ後、しばらく時間をおいてからもう一度読み直します。自分の理解が乏しくて知識を吸収できないのを少しでも防ぐためです。逆に、知識をインプットするのではなく自分の頭で考えることを重視したいような時期は、まったく本を読まない期間を半年くらい設けることもあります。

案件が立て込んでいないときに古典を好んで読んでいた時期もありますが、井原西鶴の『日本永代蔵』や『世間胸算用』などは非常に良い勉強になりました。あえて今の日本の法体系の枠を取り払ってM&Aの勉強をしようと思い、江戸時代のM&Aについて書いてある本を読み漁っていたこともあります。

読書は起業家にとってトレーニングの一環です。いくつかの読み方のスタイルを作り、自分のその時々の能力や状況と相談しながら戦略的に取り入れていくことをおすすめします。

事業立ち上げサポート業務を始める

経営についての十分な知識が身についてくると、今度は実際にその知識を活かしてみたいと思うようになるのは自然の流れだった。まだまだ「修業期間」は続いていたが、僕は少しずつ実践を取り入れてみることにした。

これまでの経歴からすれば、インターネット系の事業サポートから入るのが無難だと思われたが、インターネットビジネスからは一度離れると決めていたので、それ以外の業種で挑戦することにした。

とはいっても、いきなり僕にサポートを任せてくれる会社がすぐに現れるわけはない。そこで僕は、自分なりの方法を考えた。それまでにおつきあいのあった知り合いの人たちにお願いし、成功報酬型でサポートをさせてもらうようにしたのだ。

「御社では、こういう事業を始めると収益が上がると思います。僕もお金を出してリスクをシェアしますから、一緒にやりませんか？」

だが、最初からうまく仕事が回っていったわけではない。お金の代わりに商品を納品するはずが、どうしても納期が間に合わずにお金を返さなくてはならないこともあった。こうした苦い経験をしながら、徐々にコンサルティングのようなものを始めていったのだった。

どんな企業でも、仕事を外注する際には数カ所から相見積もりを取っている場合がほとんどだ。そんな中、ライバルを蹴落として自分と組んでもらうためには、第一印象でそれなりのインパクトを与える必要がある。

それを可能にするためには、相手の企業のことを徹底的にリサーチすることがどうしても不可欠だった。

まずはホームページを隅から隅まで見ていきながら、その企業が将来的に何をしようとしているのか、自分なりの予想を立てていく。必要なら、東京商工リサーチやリスクモンスター、日経テレコンなどから資料を購入し、その企業の研究をすることもあった。さらには、その企業が属する業界の動向がわかる本を数冊読んだりもする。

ここまで相手企業のことを徹底的に調べておき、面会の際に先方から何かを聞かれたら、その場ですぐにいい提案ができるようにしていたのだ。

このスタイルは相手に好印象を与えるのに役立った。数多くの競合相手が存在したが、相手から質問されたときに即答できるコンサルタントは少ないという現実が自分に有利に働いた。

「質問の趣旨はよく理解しました。すぐに提案資料をまとめて次の打ち合わせのときにお持ちします」

こんなことを言うコンサルタントが実に多いのだ。

そうではなく、「こんなことをしたいんだけど」と聞かれたら、「それなら、こういう段取りで進めればできますよ」と一発目で即提案できることが重要で、もしこれができればかなり強烈な印象を残すことが可能になる。徹底的な調査をして準備を整えておくことは、自分自身の知識を磨くことにもつながり、メリットも大きかった。

絶対に取りたい仕事だと思ったときは、打ち合わせのリハーサルも欠かさなかったし、その業界に身を置く知り合いにお願いし、業界についてのヒアリングをしながら打ち合わせに備えるようなこともした。

事業サポートを始めたばかりのころに携わったケースに、ハードディスクの修理会社の案件があった。

僕がこの企業に提案したのは、会社の営業力を強化するために、社内にコールセンターを設置するという戦略だった。

その会社はＮＴＴデータの子会社などから修理が必要なハードディスクを受け取り、復旧させて返品するというサービスを行っていた。確かに、大企業の系列企業と取引があるのは心強い。だが僕は、サーバーやパソコンのハードディスクの修理だけではなく、故障してしまった携帯電話に残った画像やアドレス帳のデータの復旧に目を付けた。

そこで、社内にアウトバウンドのコールセンターを作り、お客さんを待つのではなく、こちらから積極的に電話営業をかける体制を構築した。もし壊れたハードディスクが出てきた場合にはすぐこちらに電話をかけていただき、競合他社に話を持っていかれる前に修理を受注できるような体制を作ろうとしたのだ。加えて、必要なデータ部分だけをサルベージして、それを最短24時間で届けるというコンセプトを導入したところ、非常に高い評価を受けることになった。

携帯電話のサービスに関する営業活動も請け負った。もちろん、営業分野を担当するのは僕の元に残った営業部長である。

営業先は主に、ホテルやホテルの部屋を斡旋している旅行代理店だった。ホテルでは、宿泊客がケータイをトイレに落として壊してしまうケースがよくある。この場合、クレジットカードについている保険で直すことができるので、この保険を利用して修理を受注できるように営業をかけていった。

ホテルへの営業のほかには、ソフトバンクショップに掛け合って、ケータイが壊れたときのデータを取り出すサービスを宣伝してもらうようにした。こうすることで、ソフトバンクショップ経由で注文がたくさん入ってくるようになった。

最終的には、この会社もコールセンター事業に興味のある同業他社に売却できることになり、出資していた僕も大きな利益を手にすることができた。

コラム⑫ アイデアとビジネス

ビジネスにはアイデアが必須であり、業界の慣習を打ち破るようなアイデアが起業には一番大事だと言われたりしますが、本当にそうでしょうか。

僕はポータルサイトをいくつもいくつも企画して運営していました。それらが成功した理由、失敗した理由を今振り返って考えてみると、アイデアが占める割合はそこまで大きなものではなく、その後の運営の仕方のほうが重要だった気がします。

少し話は逸れますが、柔道の話をしてみましょう。

柔道を熱心に練習した結果、一本背負いを覚えたとします。努力の成果が得られたわけですが、では実際にこの技を誰にでもかけられるかというとそれはまた別の話で、うまく一本背負いをかけられるかどうかは相手次第ということになります。

この話は、ビジネスにも置き換えることが可能です。

ビジネスアイデアや戦略が浮かび、これを具体化できれば絶対に儲かるはずだと確信したとします。この「アイデア」が、柔道の話で出てきた「一本背負い」です。

技がかけられるかどうかは相手によって決まってくるのと同じで、いくらアイデアを具現化できたとしても、それが実際に売れるかどうかは、消費者の動向や競合他社の状況、もしくはテクノロジーや法改正などの外的要因にゆだねられることになるのです。「これはウチだけの唯一の商品だ」と思って開発した商品でも、大手に一瞬で真似され、低価格で販売されたら、ビジネスは窮地に立たされます。

ビジネス運営というのは常に外的要因によって左右されるものであり、実に受動的なのです。

確かに起業というのは、いくつかのアイデアや戦略があり、それを具現化して売り出したいという動機で始めることになるのでしょうが、それはあくまでもスタートした時点での話です。実際に起業して会社を経営するようになってからは、降りかかってくるトラブルや変わりゆく外部環境の中、次にどのような手を打とうかと後手に考えることのほうが多くなります。

多くの人の意見とは異なるかもしれませんが、僕自身は、ビジネスにおけるアイデアや独創性、創造力はそれほど重要だとは捉えていません。

それよりも大切なのは、知識量や認識力ではないでしょうか。業界や業界構造に関する知識、または市場のニーズなどに対する認識があれば、ビジネスの進め方がなんとなくわかってくるはずです。素晴らしいアイデアや戦略を持っていることよりも、適切な状況分析を重視し、今思い切って投資をすべきなのか、すべきではないのかという判断や、事業を方向転換すべきなのか、すべきではないのかの判断能力を高めるほうが優先度合は高く、特別なひらめきはさほど必要ありません。

起業当時、僕はいいアイデアを思いついたらとても喜んでいました。ところが、検証してみると、だいたい自分が思いつくようなアイデアはすでに他の誰かが具現化していたり、あるいは他の企業がいち早く試し、何らかの理由ですでに頓挫していたりするものばかりでした。また、いいアイデアだったとしても大手に真似されることを考えると手の打ちようがなく、実行するに至らないこともありました。いざ実行に移しても、業界の参入コストを見誤り大損した経験もあります。

素晴らしいアイデアがあるからといって、それだけで商売がうまくいくというわけではないのです。

こんなことを言うと、「じゃあ、最初に起業するときのアイデアはどうすればよいのか」という声が上がってきそうですが、僕は特別なアイデアよりも、単純かつ包括的な計画でいいと思います。

極端な話、「今後スマホが普及するからアプリを作る会社をやろう」だけでもいいのです。ただし、儲かるアプリを思いついたとしても、自分にアプリを作る能力や開発会社にいた経験がなければアプリで儲けられる可能性は低いでしょう。逆にプログラミングができるのであれば、10個でも100個でもアプリを作ってみて、実際にダウンロード数が多いものを事業化していけばいいのです。

ただ、包括的な計画でよいとはいえ、その計画の方向性が間違っていては致命的です。そこは大きなトレンドをつかみ損ねないように気をつける必要があります。例えばですが、人口推計はかなり信憑性が高い指標なので、人口推計を基に事業の概要を決めるのはいい計画だと思います。

いいアイデアを捻り出そうとするあまり空回りしてしまう起業家も少なくありません。そのような起業のスタイルは、本来の起業のあるべき姿ではないと思います。

起業の王道は、おおざっぱな計画でもいいから方向転換を柔軟に繰り返し、小さな成功体験を何度も何度も積み重ねていくことなのです。

芦屋の投資家のかばん持ち体験

以前にホームページの制作の仕方を教えてくれた社長から、ひょんなことから芦屋に住む投資家を紹介してもらった。

とはいっても何か仕事をするわけではなく、ただ関西に遊びに出かけたついでに、みんなでご飯を食べに行っただけなのだが、そこでその投資家の知識や実績、今取り掛かっている案件の話を聞いて、僕は衝撃を受けた。その場で「今日から住み込みで勉強させてください」と頼み込み、投資家も、酔った拍子で気軽に「ええで！」と言ってくれたのである。僕はその一言を逃さずに、出会ったその日からそのまま芦屋の豪邸に3カ月くらい住み込み、彼が投資に至る意思決定や、会社売却までの一部始終を傍から見させてもらうことになったのだ。今思い出しても僕は無礼な人間なのだが、その日はなんと、大晦日であった。

この3カ月は、僕にとって実に有意義な時間だった。会社経営について気になることがあれば、彼にいつでも直接聞くことができた。これとは別に、会社経営の勉強になると言って、彼はよく「モノポリー」をやりたがった。今考えてみると、ただ単にゲームが好きなだけだったのかもしれないが、ゲームの合間に経営についての話を聞きながら、夜遅くまでプレーした。

大学生が社長のかばん持ちを1日だけ務めるという体験イベントがあるらしいが、いわばそれを本格的にした長期バージョンと言えた。

これは自分にとって、かなりいい経験になった。それまでは、他の人がどんなふうにビジネスを進め、どういう基準で意思決定をしているのかを見る機会がなかった。

だが、僕はそのプロセスにいつも興味があって、いつか学んでみたいと思っていたのだ。

どんな勉強にも言えるのかもしれないが、自分が経験したことがないものや、知識のないものについていくら学んでも、なかなか内容が頭に入ってこないものだ。もしくは、自分の経験や知識がある一定のレベルに達していない場合も、何を勉強しても知識はなかなか根付かない。

反対に、効率よく学べるのは、学習と実体験が同時に起きているときや、一度経験したことを後から机上で学び直しているときだ。

そういう意味では、実際に会社が売却されていく場面に立ち会うことができたのは、知識と経験が確実に頭に浸透していく感じがして、実に心地よかった。

事業サポートがうまく回り始めたこともあり、収入はかなり安定していた。僕に入ってくる分だけを考えたら、年収で3000万から4000万円ほどあった。

会社売却後に手元にあった9000万円は、遊興費やホテル代、勉強費、投資の失敗といったことのためにすべて消えてしまったが、どうにか再び収入源を確保できたので、生活水準を下げることなく過ごすことができた。

コラム⑬ 人脈作りよりも自分作り

今、僕が主軸にしているM&Aの業務では、相手先の社長のほかに、銀行の担当者や税理士、会計士など、様々な人たちとつきあうことになります。1つのプロジェクトをやり遂げると、当然ながらある種の親近感を覚えることになりますが、だからといってその後もつきあいが続くかというと、決してそんなことはありません。

そもそも僕は、以前にビジネスを行ったチームがすごくうまく機能したからといって、よく似た案件があったときにまた同じチーム編成をするのが好きではありません。「この人が一緒にやってくれるから成功する」とか、「この人がいるから問題は起きないだろう」というスタンスでビジネスを組み立てていくと、仮にその人がこちらの思い通りに動いてくれない場合、最初の目論見が大幅に外れてしまうことにもなりかねません。

個人ではなく、取引先企業でもいいのですが、毎回同じところとばかり仕事をしていると、有能な仲間を新規に開拓するという能力が落ちますし、そもそも相手が新しい仕事の内容に精通していないケースだってあるかもしれません。そうなると、ベストな選択とは言えない可能性も出てきます。

大事なのは、人脈に頼った商売はせずに、その都度、そのプロジェクトに最適な人を選んで仕事を依頼することです。

「人脈作りが得意だ」という人にしばしば出会うことがありますが、僕の場合、ビジネスを行う上で人脈をあまり重視しておらず、持っている名刺の数などにあまり関心を払いません。名刺をたくさん持っていてもあまり意味がなく、少なくてもいいので、それらの人たちとどれだけ濃いつきあいができているかのほうがむしろ大事だと思っています。

人脈作りに精を出すよりも、自分の能力を高めることに専念したほうが、必要なときに必要な人材に巡り合えるような気がします。人脈を築くよりも、その人の経営者としての見識の深さや人格の良さを磨いたほうが、良好な人とのつながりが自然と広がっていくはずです。

例えば、僕がコンサルを頻繁にやっていたころは、いろんな会社の社長と濃いつながりができた時期でした。

コンサルティングを行う場合は、その会社の社長以上に考え抜いてアイデアを提供しなくてはなりません。そのプレッシャーたるや、凄まじいものがありました。依頼元の社長にしても、自分の会社を大きく変えていこうと思っているわけですから、相当な覚悟でコンサルを依頼しているのです。それに応えるためにも、手を抜くわけにはいきません。

こういう心構えで社長と差し向かい、夜遅くまで会社の経営について真剣に意見を交わしていきました。ほかの社員や役員メンバーとはあまりできないような深い話など、何時間も話し込むこともありました。そんな経験を共有することで濃いつながりができるのだと思います。

深い関係を築いていくには、まずは相手に必要とされる能力を備えていなければなりません。また、相手の懐に踏み込んでいけるだけの人間力も必要になります。

そうなるとやはり、人脈作りに力を入れるのではなく、自分作りに時間をかけるほうがより大切なことになるのです。

乗り越えられなかった危機

そろそろ修業期にピリオドを打ち、多角化経営に軸足を移していくことを考え始めていた。そのきっかけは、コンサル業務に限界を感じたことだった。コンサルだけでも年に数千万円を稼げる自信はある。ただし、それ以上のものを望めるかというと、疑問符が付いた。

結局のところ、コンサルは自分の時間を切り売りしながら進めていく仕事なので、稼働するにあたってどうしても限界が出てくる。部下に教えることも考えたが、どうしても経営はセンスによるところが多いので、教えるのにも限界があった。自分のノウハウをセミナーのような形で販売するには、まだ成長中の身としては時期尚早にも思えた。

そこで、コンサル以外の事業として僕が考えたのは、レバレッジが掛けられる商売だった。「金持ち父さん」風に言うなら、自分が働くのではなくて、「お金に働いてもらう」ビジネスである。

いろいろと検討した結果、僕は不動産投資を始めることにした。

不動産投資というのは、元々利回りの低いものだ。特に都内での不動産投資の場合は、年利で5~6%ほどにしかならない。これに対して銀行に利息を払い、修繕費を払うと、差し引き後、キャッシュフローがマイナスになることも珍しくない。

ところが、短期で転売していくことで利回りを上げていく不動産投資の手法がある。そのひとつが、建物の内部をリノベーションし、テナントを入れ替えて不動産の価値を上げた段階で売却したり、周辺地域の開発などによって土地価格が上昇したタイミングで転売したりして儲けを出していく方法だ。これがうまくいけば、長期保有以上の利益を出すことができる。

これとは別に、もっと複雑な方法を駆使して儲ける方法もある。

例えば、老朽化した空き室だらけのマンションがあったとして、そのマンションのもたらす賃料収益から逆算すると、物件価格は低くなる。だが、住人に出ていってもらってマンションを空っぽの状態にし、更地にできれば話は変わってくる。こうすることで、不動産としての流動性は一気に跳ね上がるのだ。この段階でマンションデベロッパーに一括売却すれば、まとまった金額を受け取ることが可能になる。

他にも、ブリッジ案件といって、不動産取得のファイナンスができない案件に対して買主の資金力を前提につなぎで出資し、収益をシェアする手法が僕は気に入り、うまくいきそうな案件を見つけるとどんどん手を出していった。

こうした取引をするときは、銀行からの借り入れをほかの事業と掛け合わせて最大限利用し、自分の資金をできるだけ使わないようにした。

当時は10％も頭金を出せば不動産を購入することができたので、総額3億円の物件であっても、3000万円の資金があれば一時的に自分の不動産にすることが可能だった。この場合、最終的に15％の収益が入ってくる設定にすることができれば、3000万円の元手で3億円の不動産を購入し、売却後、転売価格との差額4500万円を稼げる計算になった。

こんな方法でハイリスク・ハイリターンを狙いながらも、当時の僕は、ベンチャー企業に安易な出資をしたり、海の家やイベントのスポンサーを引き受けてしまったりするなど、ちぐはぐな面も内含させていた。不動産だけでなく、M&Aの仲介や商品売買の仲介、飲食店の経営も行い、年商はあっという間に35億円ほどの規模になり、これまでの経験や修業の成果がようやく表れたのだと浮かれていた。ただし、今思えばまだまだ僕は世間知らずであり、金儲けをする能力はあっても人生経験はかなり不足していたのだ。

この当時、僕にお金を出してもらおうとして、わざわざ頭を下げにくる顔見知りが常に何人かいた。ところが、彼らが陰で僕のことを「あいつはオレの財布なんだ」と吹聴していることを知り、愕然としたこともある。

こうした足踏みを繰り返してしまったのは、様々な経験を積もうとするあまり、自分のビジネスの軸がしっかりしていないことが原因のひとつと言えた。地に足をつけて商売をしていれば、こうした無駄なことはしなかったはずだ。

そんな折、世界を揺るがす大事件が発生した。

２００８年9月、アメリカの投資会社リーマン・ブラザーズが破綻し、世界的な金融危機を招くことになったのだ。

この事件により、僕は大きな損害を被ることになる。

事件の前までは、前述のように不動産の転売で順調に稼いでいたのだが、リーマンショックが日本にも波及すると、突如、不動産の買い手や借り手が激減してしまったのだった。

このとき、僕はいくつかの物件を抱えた状態にあった。頭金のみで購入している不動産なので、最終決済日が来るまでに買い手を見つけないと、自分が支払いをしなければならなくなる。しかし、その買い手をなかなか見つけることができなかった。

そのため、せっかく手に入れた物件をかなり安い値段で売ることになったり、自分の貯金を取り崩して購入した物件のローンを支払う羽目になったりした。

畳まざるを得なくなった飲食店のフランチャイズ料の請求に追われたり、出店のキャンセルをしたせいで生じた違約金支払いの凄まじい催促に悩まされたりした。仲介案件で出資者を募って進めていた案件では出資金を戻せと怒る人もいた。

もちろん、すぐに返せるわけもなく、この物件が売れるまで待ってほしいと説明はするのだが、嫌がらせのように電話で呼び出され、金はまだかまだかと何度も催促された。いかにも胡散臭い弁護士が現れ、闇社会の舎弟にでもしようとしたのか悪い人たちも次から次へと寄ってきて、「資金面でサポートしてやるから傘下に入れ」と無理強いしてきた。

中には、金を借りてもいないし、何か頼んだわけでもないのに、金を返せとか、金を払えと言ってくる連中も存在した。

次から次へとハイエナのような人間たちが寄ってくる中、とにかく僕は自分の資産を少しでも早く売って次の支払いに間に合わせるという「自転車操業」を数カ月以上にわたって繰り広げていたので、心身ともにクタクタになっていた。住んでいたホテルのグレードも一番安い部屋に変え、それでも支払いがギリギリで、適当な言い訳をしながらなんとか払っていた。新たなスポンサー探しもしていたのだが、以前は羽振りの良かった経営者たちも今はそうでもなさそうで、結局スポンサーを見つけることもかなわなかった。

それなりの知識も身につけ、実際のビジネスでも稼ぐ力を発揮できるようになっていたのだが、突如発生した危機の連鎖を乗り越えることはできず、ほとんどの資産を吐き出すことになった。

僕は再び振り出しに引き戻され、生活を維持するのも難しくなり、その年の年末は久々に実家に戻ることになるのである。

コラム⑭ ストレス耐性

仕事をしていると必ずついてくるものがストレスと言っていいでしょう。そこでこのコラムでは、経営者とストレスについて話してみましょう。

経営者に求められる資質はいくつもありますが、中でも重要なもののひとつがストレス耐性です。ストレス耐性というのは、突き詰めてみると、体力と言ってもいいのかもしれません。ストレス耐性があるかどうかは、経営者の力量として相当に大切なものだと思います。

例えば、取引先との交渉が何カ月にもわたって難航し、途中で投げ出してしまうようであれば、ストレス耐性がない証拠です。こうなると、せっかくのいい案件を取り逃がしてしまうことにもなりかねません。

途中までうまくいっていたのに、ストレス耐性がないばかりに最後の最後で油断してしまい、交渉が白紙に戻ってしまうこともあるでしょう。もしくは、する必要のない妥協をしてしまうケースも起こりえます。

大きな交渉を前にして、膨大な資料を何週間も睡眠時間を削りながらまとめたり、数十パターンもの戦略を考えなくてはならなかったりする状況も出てくるはずです。寝不足が続くかもしれませんが、そうした状況の中でも書類を作成し、的確な判断をしていく必要があるのです。風邪をひいて熱が出ていても、休むことが許されないこともあるでしょう。

さらには、会社の状態が芳しくなく、資金がどんどん減っていく中で胃をつかまれているような思いをしながら意思決定を迫られる場面に直面するかもしれません。しかも、運悪く、仕事のトラブルとプライベートのトラブルが同時に起こるなんてこともありえます。

会社経営をしていれば、どんな局面であってもストレスはついて回ります。そうした環境の中で、いかに上手にストレスとつきあい、正しい意思決定をしていくかが勝負になってきます。

この場合、頭がいい悪いといった問題は二の次です。それよりも、極度のストレスにさらされながらも頭を正常に働かせることができる能力のほうが重要となります。

では、ストレス耐性を高めるにはどうすればいいのでしょうか。

それはずばり、仕事以外でなるべくストレスを受けないようにすることです。そのためには、リフレッシュできる趣味を持つなどして、適度にストレス発散の機会を作るといいでしょう。夜は早く寝て、十分な睡眠をとることもストレス耐性を高めるのには効果があります。生活のリズムを整えることでコンディションを万全にし、ストレスが溜まらないライフスタイルを築いていくのです。僕の場合、寝室に携帯電話を持ち込まないなど、意識していることはいくつもあります。ほかには、予備の日として何も予定を入れない日を月に1日設定するなどの工夫もしています。

常にベストの状況で意思決定ができればいいのですが、現実はそれほど甘くはありません。ストレスが溜まっていても意思決定をしなくてはならないですし、深く考えなくてはならない場面にも遭遇します。そんなときには、執念めいたものを自分の中に燃えたぎらせて乗り越えることができればよいのですが、現実はそう簡単にはいきません。

試験で本番だけ頑張っても良い点数が取れないのと同じで、常日頃からパフォーマンスを高めておかないと、有事の際に本領を発揮することはできません。会社経営には「ハレの日」と「ケの日」が存在します。「ハレの日」は、企業同士の大規模な業務提携や大型案件、M&Aや係争などに当たります。「ケの日」はいわゆる通常業務が回っている状態です。大きな意思決定を要求されるのは「ハレの日」ですが、その「ハレの日」にどれだけ底力を発揮できるかは、「ケの日」をどのように過ごすのかによって決まってしまいます。「ケの日」は日常的なものだけに、自分ではなかなかパフォーマンスが低下していることに気づきにくいものです。

僕は、自分や自社の習慣を四半期ごとに意識的に見直して、悪い習慣を取り除く作業を定期的に行うようにしています。

起業家という職業は、24時間のフレックスタイム制です。もちろん24時間ずっと仕事をしているわけではありませんが、重要な電話やメールが来たら、食事中だろうと睡眠中だろうと仕事に引き戻されます。

規模は問わず、会社経営者で修羅場に遭遇したことのない人はいないでしょう。どうしてもすぐに解決できない問題は、時間軸を大きく捉えなおすことが有効な場合もありますし、どうしようもないことはあえて考えないという選択肢もあります。

プレッシャーにさらされながらも底力を発揮するためには、普段からコンディションを整える努力をしつつ、可能な限りベストな状況で結果を出していけるようにすることです。
小さなことの積み重ねではありますが、起業の成果にも大きく影響してくるはずです。

第6章

再出発

新たな挑戦

リーマンショックをきっかけに残務処理に追われまくった僕は、精神的にも体力的にも疲弊していた。これ以上は何をやってもうまくいきそうになく、しばらくはじっとしていたかった。一時は数億円にまで増えた資産だったが、今は少しばかりの貯金が残るばかりだった。

今度ばかりは「もう一度、初めからやり直そう」とはとても思えなかったが、何もせずに静養していたせいか、2、3カ月もすると次第に冷静さを取り戻し、落ち着いて自分を客観的に見直せる状態になってきた。

ゆっくりと時間をとって、お金に対する考え方を見直してみた。中学生のときにデイトレードを始めてからというもの、贅沢をするためだけにお金を稼いできたといってもよかった。僕にとってお金とは、高級ブランド品を買ったり、好きなものを食べたりすることを可能にする〝道具〟だった。

ところが、それらのものに十分触れてしまった今となっては、せっかく稼いだお金を消費してしまうことに以前のような意味を見いだせなかった。自分は「会社経営」という行為によってお金を稼ぐ過程が好きなのだとわかったのだ。

すると、自分の行動にいくつか矛盾があることに気がついた。会社経営を長く続けたいのであれば、毎月のランニングコストは低い方が有利だ。さらに、普通の金銭感覚を持っていないと会社経営には不利になる。ビジネスをする上で一番大切なのは、エンドユーザーのニーズを汲むことだ。どんな商売をするにしても、最終的には社会の大多数に受ける必要がある。自分が他者とかけ離れた金銭感覚を持ちながら暮らしていたのでは、大多数に受けるようなサービスを提供することは絶対にできないだろう。

再出発のために僕が実践したのは、まず、これまでの生活の中に染み付いていたこれらの矛盾を1つずつ排除していくことだった。

最初に行ったのは、ホテル暮らしからの脱却だった。たったそれだけのことだが、生活環境は大きく変わった。

次に、洋服に無駄なお金をつぎ込むことをやめた。

高価な洋服を買わなくなってからは、中学時代のようにユニクロに回帰した。数千円で買えるジーンズとポロシャツを何組か揃え、それを洗濯して繰り返し着るようになった。ここまで徹底して習慣を変えたため、洋服にかけるお金は一気に激減した。

それから、夜型の生活を朝型に変えた。夜は11時に寝るようにし、その代わり朝は毎日6時前には起きるようにした。

夜遊びもしなくなり、カジノもやめた。人づきあいの仕方も大きく変えた。これまで関わってきた胡散臭い連中や、遊んでいた仲間たちとも一切連絡を取らなくなり、距離を置いた。連絡を取りたい誘惑にかられることもあったが、ここまでしないと自分は変わらないと思ったので連絡は取らなかった。

また、僕はかなりのヘビースモーカーだったが、禁煙しようと決心し、何度か挫折しながらではあるが、最終的にはたばこもやめた。食事にも気を遣い、ほとんど家で食べるようになった。さらに、運動不足解消のために週2回は必ずジムに通った。

いい仕事をするには、当然ながら健康でいることが必須条件だ。そのため、自分のコンディションを常にいい状態に維持できるように心がけた。とはいえ、自分の生活習慣改善に関しては、怠惰な性格の自分だけで簡単にできるようなものではなく、ずいぶんと妻の助けを借りたものだった。

仕事の進め方にしても、生活スタイルにしても、自分に合うやり方を見つけることが一番大事で、それを見つけるためには試行錯誤をしなくてはならない。しかも、今はそのやり方がベストでも、年齢や自分のその時の能力によって合わなくなってくることもあるので、調整しながらその都度、最適化を図っていくことが大切だ。僕の場合、かなりの回り道をしたが、20代の前半でやっとそんな普通のことに気がついたのである。

今でも1年に2回（正月と誕生日）、今の生活を見直すことにしている。気づかないうちに身についてしまった悪い癖を探し出し、見つかったらすぐに排除している。ホテル暮らしをしながら夜遊びを繰り返していたころからは想像もつかない生活だが、結果的に生活習慣を改善できたことにはとても満足している。

コラム⑮

小さなサインを見逃さない

労働災害における経験則のひとつに「ハインリッヒの法則」というものがあります。この法則によると、1つの重大事故の背後には29の軽微な事故があり、その背景には300の異常が存在するのだそうです。トラブルを未然に防ぐには、最初の段階である「300の異常」が起きたときに、何らかの対処をすることが大切だと言っていいでしょう。

会社経営も同じだと思います。普通の人が見落としてしまいそうな小さなサインを見逃さない。これが経営者としての重要な役割のひとつです。

例えば、日常業務の中で書類提出の社内納期が遅れるという現象が頻発し始めたとします。取引先に提出する資料が遅れたわけではありませんが、ただ社内での納期が遅れただけでも、違和感を感じたらすぐにその変化を察知して、原因を探っていかなくてはいけません。

経理業務の担当者が請求書を1枚なくしてしまった場合も、再発行すればいいという話ではなく、書類の管理がしっかりできているのかといった点に目を向け、改善すべきところがあればすぐに改善することです。

リーマンショック後に僕が振り出しに引き戻されたケースでも、資産が激減したのは金融危機の影響があるとはいえ、それを回避できるような小さなサインはいくらでもあったと思います。今思えば、銀行員との間で「不動産が高値だ」という話も出ていました。契約書の中身をよく確認もせずにハンコを押してしまっていた書類もありました。内容の詳細についてもっと交渉しておけば、結果は変わっていたかもしれません。社内の管理部門についても、きちんと教育が行き届いていませんでした。

細かいことかもしれませんが、一度表に出た「ひずみ」は小さいうちに摘み取っておかないと、ある日突然、大問題となって降りかかってくることになります。経営者は常に危機管理という視点を持っておくべきで、従業員がなかなか気づかないようなところにも目を配る必要があるのです。

売上高は変わっていなくても返品率が上がってきたとしたら、どうしてそうなっているのか調べてみることです。こうしたチェックを怠っていると、ある日突然、「売上ゼロ」というような事態に突き落とされることも十分ありえます。

主力商品ではないけれど、いつもそれなりに売れている商品が急に売れなくなってしまったときも、すぐに変化に気づいて原因を調べてみることが大切です。「本来あるべきものがない」場合、何らかのトラブルが発生していることが多いのです。

間違い探しであれば、左右を比較して間違っているものを見つけることができますが、ビジネスでの間違い探しは明白な比較対象がないので、強い意識を持って探していかないと間違いは見つかりません。そうした状況の中でも異変に気づくことが経営者の役割と言えます。

コラム⑯ 時間軸を意識する

会社が急成長し、従業員の数が急激に増えたのはいいのですが、新入社員の教育が追い付かず、気がつけば人件費ばかりがかさんでいく、という話を聞くことがあります。また、会社の急成長に乗じて、社長が次から次へと新しい事業に手を伸ばし、幹部以下の従業員たちの業務が大量に増え、社内に不協和音が生じるというケースも珍しくありません。

こうなると、どこかのタイミングで幹部メンバーが1人、2人と会社を去るようになり、会社の基盤が弱くなるという結末を迎えることになります。

会社が急成長しているときは、勢いに乗って一気に拡張するのではなく、あえて「踊り場」を作り、地盤固めの時期と捉える余裕が大切です。

「もっと売れるはずだから設備投資をして生産量を増やそう」

「販促を活発にし、出店のスピードを加速させよう」

業績が一気に伸びる時には、このようなスピード勝負になる側面も、確かにあります。しかし、ここはぐっと堪えて、「現状のまま、あと3年様子を見て、それでもいけると思ったら4年目に新しい店舗を出そう」という決断も、経営者には求められる時があるのです。

こうした「時間軸」を意識せずに突き進んでしまうと、成長のスピードが鈍化した瞬間に足元をすくわれる結果に見舞われるかもしれません。

僕は事業の成長を急ぐあまり、長いスパンでものを考えたり、条件がきちんと整うまで事業を進めるのを待ったりするのが本当に苦手でした。

逆に業績不振に陥ったときも、時間軸を意識することは重要です。目の前の数字を見てあたふたするのではなく、少なくとも1、2年は立て直し期間を見込むくらいの感覚を持つべきです。

時間という観点で話をするなら、性急な意思決定をするのではなく、時間が許す限り意思決定をせずに選択肢を幅広く残しておくのも、上手な時間の使い方のひとつと言えます。時間をかけて業界における自社のポジションを取る際にも、経営者は時間軸を意識しておかなければなりません。

500冊の本とバフェットとの〝出会い〟

生活習慣が変わっていくにつれ、再び学び直す必要性を感じ始めた。そこで僕は、今までやってきた事業や案件を紙に書き出して、将棋でいうところの「感想戦」をしてみた。当時失敗した事業であれば、同業他社は現在どのくらいまで成長しているのか、それともどこも成長しているところはないのかとか、当時勢いのあった会社が現在どうなっているかなどを調べていった。

また、今まで自分が関わった業界の近隣業界の研究も行った。特に、取引相手の業界のコスト構造に習熟すれば、値下げ交渉も容易になるし、M&Aなどの垂直統合などのチャンスに気づくかもしれないというメリットは身をもってわかっていた。

EDINET（有価証券報告書等の開示書類を閲覧できるサイト）からデータをダウンロードし、相当数の有価証券報告書を読み込んだ。過去の情報を知りたくて、EDINETに載っていないものはわざわざ紙媒体になっているものを購入した。

自分がうまくいった案件も書き出し、なぜうまくいったのか、もっとうまくやる方法はなかったのか、もっとリスクを低くしてやる方法はなかったのか、を考えることもあった。

そもそもビジネスというのは、学校のテストと違い、自分のパフォーマンスに対して採点することができない。目の前にある課題を常に解いていくが、それが何点なのか不明なままなのだ。ここがおもしろい点でもあり、恐いところでもある。

例えば、1つの案件を処理して100万円の儲けを得たとしよう。100万円は少ない額ではない。だが、それが本来100万円を儲かるべくして100万円を得たものなのか、それとも本当は90万円しか儲からないものだったのが、たまたま運がよくて100万円を手にできたのか、それとも最低1000万円は儲けるべきだったのに、

100万円しか儲けられなかったのか、判断を下しかねるのだ。もしかしたら、損を出すところを、ただのラッキーで100万円を得たということもありうる。

このように、ビジネスというものの答え合わせをすることは不可能だ。だからこそ、自分で振り返りを行い、「本当は1000万円くらい儲けることができたのでは？」「これは損してもおかしくなかったけど、運よく儲けを出すことができただけなのか？」と自分に問いかけ、絶えず考えていかないと成長できない。そう考えてこのような「感想戦」を行っていた。

これは実に骨が折れることだが、僕は、答え合わせができないところがビジネスの最大のおもしろさだと思っている。

「感想戦」の結果、文字がびっしりと書き込まれたノートが最終的に5冊にまとまった。それらは僕の知恵袋となり、戒めの書ともなった。このノートは大切に保管し、残しておこうとも思ったが、処分しないと次に進めないような気がしたので、何度か読み返した後、1冊たりとも残さず手放した。

これらのことが終わって、次は本を500冊読むことにした。業務と遊びに忙殺されていた僕は、この2年くらい、本を読むことがめっきり減っていた。

今回は、今まであまり手にしたことのないジャンルの本を読むことにこだわった。

500冊の本の中に、投資家として世界的に有名なウォーレン・バフェットについて書かれたものがあった。僕の経営する会社を現在のようなホールディングス体制にしたのは、バフェットの影響が大きい。

世界的な経営者でもある彼についてこんなことを言うのは不遜なのだが、デイトレードをやっていたころの僕は、どうしてもバフェットを好きになれなかった。その理由は、儲かるまでに時間がかかりすぎると思っていたからだ。ベンチャー投資と比べても、爆発力に欠けると思っていた。僕の興味は長期投資にはなく、短期間で儲けの出せる投資案件だった。

とはいえ、相手は賢人とまで評される人物である。「まあ、1冊くらいは読んでみるか」という気持ちで、彼について書かれた本を読んでみることにした。そして、最初の1冊を読み進めていくうちに、僕のバフェットに対する認識は大きく間違っていたことがわかってきた。実際には長期投資をしているのではなく、大量の株式保有によってM&Aを手掛けている姿が見えてきたのだ。

バフェットの本はどれも興味深かったが、一番記憶に残っているのは、やはり『スノーボール　ウォーレン・バフェット伝』(日本経済新聞出版社刊)だ。この本には、生い立ちからライフスタイル、価値観に至るまで、バフェットについての詳細が書かれていた。この本を読み終えた瞬間、僕は完全にバフェットの信奉者になっていた。

彼が行ったM&Aの案件などを紐解いていくと、なるほどと思うところがいくつもあった。僕はそれらの事例から非常に多くのことを学んだ。と同時に、それまであまり興味のなかった長期投資についても、研究の価値があるのではないかと思えるようになった。

それまで僕は、株取引と、ベンチャー企業をはじめとする非上場株式投資を完全に別物だと考えていた。しかし、バリューを評価して株を購入する過程は両者とも同じものなのだということに気がついた。この発想は、僕の中でコロンブスの卵だった。中学生の時に勉強した短期売買のトレードの手法も、考え方としては会社経営にだって応用できる。「株の動き」ということでは同じなのだから、本来分けて考えること自体ナンセンスなのだ。こんな気づきを得てから、経営手法の幅が少し広がった気がする。

コラム⑰　経営者に求められる能力

会社を立ち上げた当初は苦労の連続でしたが、最近になってようやく自分の経営スタイルというものができてきました。経営者は実務をこなすことも大事ですが、自分の経営能力を高めるよう努める必要もあります。そこでこのコラムでは、経営者に求められる能力に対する僕の考えをお伝えしていこうと思います。

経営者に求められているのは、知識と経験を蓄えながら、その上で認知力を高め、身のまわりで何が起きているのかを常に把握し、記憶する能力と言っていいでしょう。優れた経営者はこの能力を維持し、そして高めるということを繰り返しています。

意外かもしれませんが、こうしたサイクルを日々実践しているのが、いわゆる主婦と呼ばれる人たちです。彼女たちは、キッチンで鍋の様子に気を配りながら、包丁で食材を刻みつつ、フライパンに火をつけて炒め物をサッと仕上げていきます。さらに、少し手の空いた隙を見つけて子どもをお風呂に入れ、買い物に行くときは複数のスーパーの割引状況やタイムセールを比較しながら限られた予算の中で1週間の献立の準備を進めていくのです。こうしたことは、やるべきことを事前に把握し、全体の流れを敏感につかんでいないとスムーズに進めていくことはできません。

よく考えてみると、経営者の仕事も主婦が担っている家事ととても似ているところがあります。営業マンの仕事を指導しながら、管理部門が月次の会計の入力作業をしっかりとやっているかをチェックし、夜には業務提携先の社長との会食に出掛けていき、会社の将来の戦略の伏線を張りに行く——。こんな感じで、経営者はマルチタスクでいくつかのことを並行して進めていかなければなりません。

マルチタスクをこなす上で必要になってくる能力は、重要性や緊急性を見極める判断力だと思います。

例えば、取引先の1社が、「顧客から不具合があったとの報告があった」と言ってクレームを上げてきたとしましょう。その際、その会社に問題があって不具合が生じただけの一過性のトラブルなのか、それとも反復的に他の取引先でも同じような不具合が生じる可能性があるのかを即座に見極めることが求められます。これができれば、問題を大きくすることなく、処理すべきポイントを押さえながら冷静に対応していくことができます。

もしくは、売り上げがガクッと下がったとき、それは今月だけの現象なのか、それとも業界のトレンドがガラリと変わり、この先もずっと右肩下がりが続くのかを分析し、その上で対応策を考える力が必要になります。

このように、何が重要で何が重要でないかを判断したり、何が一過性のもので何が反復するのかを把握したりする能力は、知識や経験を蓄えていくことで初めて身についていくものです。

能力が高くなっていけば、必然的に次に何が起こるのかという予想の精度も上がっていくでしょう。そしてそれが、経営者としての資質を高めていくことになるのです。医者がレントゲン写真を一瞬見ただけで病気がわかるとか、プロ野球選手が相手のフォームを見ただけでどこにボールが飛んでくるかがわかるというのと同じような感覚だと思います。

興味深いのは、能力が高まってくると多大なメリットが生じてくることです。ある分野で優位性を発揮できると、連鎖的にほかの分野でも優位性を確保することにつながり、こうした流れが乗数効果的に作用し始め、いつしか大きな優位性を持つことにつながるのです。

サッカー少年が、少し足が速かったためにレギュラーに選ばれ、その結果、練習が楽しくなりサッカーも上達していく。そうすると、大人たちのチームの練習にも参加させてもらえるようになり、大人たちの技術を学ぶことでますます上達し、さらに練習に熱が入る――。このように、1つ1つは小さな優位性であったとしても、それが雪だるま式に発展し、大きな力となる場合があるのです。

経営には「運」も大事だと言われることが多いのですが、僕は違うと思います。1個1個の事業が成功するかどうかは運の要素も大いに影響してくると思いますが、経営者の仕事は事業をいくつもいくつも連続して起こすことです。運は、長期的に見ればどの人間にとっても同じような形に収束してくるのではないでしょうか。つまり、長いスパンで見ると、運の良し悪しを考えるのは意味がないと思うのです。

起業は意思決定のゲームです。認知し、理解し、記憶することで専門性のある独自の知識をため込むことができ、それが少しの優位性となります。起業家が経営能力を身につけるためには、こうした小さな優位性を積み上げていかなければなりません。表面的には目に見えないような優位性であるため、こうした能力を意識的に高めようとしている起業家は少ない気がしますが、成功している起業家は例外なくこのステップによって能力を高めていると思います。起業に成功するコツのようなものがあるとしたら、この「小さな優位性」を乗数効果が出るまで高めていくことです。

経営者としての能力アップを図る際、「これをやったら確実に能力が上がる」というものはありません。誰もが手探り状態で、自分なりに研鑽を積んでいるのだと思います。ただ、ひとつ言えるのは、ボクシングのチャンピオンでも、練習を行わないチャンピオンはいないということです。それと同じく、会社経営においても常にトレーニングを続ける必要があります。練習をせずに王座を維持していく秘策はないのです。

事業再生案件を手掛ける

リーマンショックの直後は、探せばいくらでも倒れかけている会社があった。当時、そうした会社をひたすら探していた時期がある。これはバフェットも行っていた手法で、彼の言葉を借りると「〝しけもく〟を探す」というものだった。つまり、ほとんど何も残っていないが、無理やり「火」をつければどうにか使い物になりそうな会社を探していたのである。

本当は、バフェットのように上場株式の大量保有によるM&Aを行いたかったのだが、僕にはそれをするだけの元手がなかった。そこで、倒れかけている会社を見つけてきては、上場企業ではなく未上場企業の事業再生案件に投資するというパターンを繰り返していた。

〝しけもく〟の中には、財務改善さえすれば会社として再び利益を上げられると確信できるところがいくつもあった。買い手が見つかれば新体制での改善計画を導入することが可能になり、うまくいけば不良債権化を避けることができるので、その会社に貸し付けを行っていた銀行にとっても悪い話ではなかった。

その一方で、どうやっても手に負えないようなケースに遭遇することもあった。そうした場合でも、完全に会社をつぶしてしまうのではなく、その企業の黒字部門だけを分離して存続させるという方法を模索した。これがうまくいけば存続会社から返済を受けることができるので、これも銀行にとっては悪い話ではない。

こうしたスキームを銀行に提案しながら、僕が主導して組織再編を進めていくのだ。実際、ここまで細かく総合的にコンサルをするところはあまりなかったため、需要も多く、仕事の依頼が途切れることはなかった。

そのほか、僕がよく手掛けていたのが、1億円前後の借り入れがある会社だった。一般的に言って、負債額というのはその企業の月商3カ月分ほどに相当する場合が多い。負債が膨らみ過ぎていたとしても、月商の6カ月分くらいに収まっていることがほとんどだ。つまり、1億円の借金を抱えているとすると、その会社には2億円から4億円の年商があると推定していい。銀行もそれがあったから融資していたのだ。

不振の原因を探り、それを排除すれば再び健全な姿に戻る可能性は高かった。特に、年配のオーナー社長が切り盛りしているような会社の場合、詳しく調べてみると〝埋蔵金〟が隠れていたりするから侮れない。

例えば、銀行への建前上、収入部分をやり繰りしてぎりぎり黒字にしている企業の場合、無理して黒字にしようとせず、正直に赤字にしてしまえば、税務署から還付金が戻ってくる。赤字になれば、ひとまず中間法人税を払わずにすむし、繰り越された欠損金を有効活用することも可能になるのだ。その他、含み益を抱えている不動産があるなど、この規模の会社になると必ず組織再編にプラスになる要素がいくつも出てくる。

こうした改善策を銀行とオーナーの両者に提示し、仕事を任せてもらった。

会社というのは、それぞれが一様ならぬ事情を抱えている。不採算部門をクローズしようと説得しても、「それだけは絶対にしたくない」という社長もいれば、不動産の売却について、「あそこは絶対に売れない」と言い張る社長もいる。人員削減もできなければ、役員報酬の減額にも応じられないと頑なになるオーナーもいる。

話をしてみると、どうしてそこまで頑なになるのかが見えてくることがあり、それはそれで興味深い。

不採算部門をなかなか切れない企業を調べてみると、その部門が創業当時の中心事業だったりする。思い入れが強すぎて、事業転換を図ることができなかったという事情が見えてくるのだ。しかし、結局はそれが会社を苦しめる原因になっていることが多い。

皆、それぞれの強い思いがあって始めた事業なので、不採算部門となったからといって、すぐに手放せるものではないのだ。

だからといって何もしないままであれば、業績は悪化の一途をたどる。会社によってそれぞれ事情があるのは理解するが、企業の体質を改善させ、立て直すことを考えなくてはならない。だが、思い切った決断ができずに、会社と共に心中してしまう社長もいる。

創業してから長く続けられてきた会社の社長というのは、何度も修羅場をかいくぐってきていることも多く、魅力的で求心力もある。事業資金を借りてくることについても、「自分だったら、何とでもできる」と信じて疑わない。

以前であれば、本当にどうにかできたのかもしれない。だが、現在のような経済状況には逆らえず、どこかの段階で経営危機に陥ってしまうのだ。リーマンショックの直後は、特にそういったケースを見ることが多かった。

このような案件の買収資金は、中堅企業の事業承継に関するM&Aのアドバイザリー案件や上場企業のIRのコンサルを請け負うことで捻出していた。

このような案件を請け負う場合、仕事が完了するまでのプロセスは非常に複雑なものとなる。当然ながら、誰か1人がすべてをこなし、「はい、解決!」ということにはならない。法務だったら弁護士、税務のことなら税理士、会社の価値評価を算出するには会計士といった具合に、それぞれの分野のスペシャリストの力を借りる必要があるからだ。

上場企業のオーナーが自社の上場株式の相続を行うケースともなれば、金融庁による確認を要するので金融庁とのやり取りに強い弁護士に仕事を頼まなくてはならない。さらに特許関係の手続きが加わった場合は、弁理士の助けも不可欠となる。そのほか、事業継承や組織再編と同時に資金調達を行う場合は、スキームの作成を行いながら、投資をしてくれそうなファンドを探したりもする。

弁護士や会計士、証券会社など関係してくる人たちが非常に多いので、仕事の内容も高度なものになってきた。

中堅企業の案件となると、さすがに大手の弁護士事務所や監査法人、証券会社に頼むほどの規模ではなくなるが、必要となる知識は大企業の場合と変わらず、規模は小さくなってもかかる手間は同じで、しかもサービスのクオリティを下げるわけにはいかない。このようなターゲット層を顧客にしている同業の大手は皆無だったため、非常に需要は大きかった。

こうしたタイプの仕事がコンスタントに入ってくるようになると、収入のほうも安定してきた。中小企業のコンサルの場合は、1件当たり月に100～200万円のフィーをもらうことができた。これとは別に、大きな会社のコンサルをする場合は、1～2年という短いスパンの契約期間となり、一番大きいところだと1カ月で1500万円ほどのフィーをもらうこともあった。

コラム⑱ M&A

かなり極端な意見かもしれませんが、僕は、経営者の仕事はM&Aをすることだと考えています。会社というのは、本来、売ったり買ったりするものなのです。

僕自身、最初の会社をイグジットして以来、M&Aを仕事にしてきたといっても過言ではありません。ということで、ここではM&Aで儲ける3つの仕組みを説明していこうと思います。

1つめは、レバレッジをかける手法です。

例えば、10億円の企業買収をする場合は、自分の資本を100%投入しない方法を考えます。どうするかというと、自己資金を3億円用意し、残りの7億円は借り入れによってまかなうのです。買収後、この企業の価値を大きくし、20億円で売却できたとすると、3億円の自己資金で13億円を手に入れた計算になります。つまり、資金を4倍以上に増やすことができたわけです。

もちろん、借りてきたお金に対する利息払いなどの出費は生じますが、ここでは細かい数字は省きます。一方、自己資金100％で10億円を投入した場合、20億円で売却できたとしても、資金を2倍に増やせたことにしかなりません。

この2つのケースを比較した場合、3億円を4倍にしたほうが、10億円を2倍にするよりも資産効率は良いとみなされます。ちなみにこれは、レバレッジドバイアウトといわれる方法になります。

2つめは、コストカットなどによって買収した会社の財務体質を良好にして、企業価値を高め、買値よりも高い金額で売却して儲けるという方法です。もちろん、事業をまっとうに成長させて価値を高めることでも企業価値は向上します。

そして3つめが、ある特定の業種についてチェーン展開している企業をいくつか買収し、それらの店舗を1つのチェーンにまとめ、上場するなどして流動性を高めて儲ける方法です。

例えば、レストラン1店舗だとなかなか売りにくいですが、買収を繰り返して10店舗となればスケールメリットが出てくるので、大手の飲食店チェーンに売却できる可能性は高くなります。これを「ロールアップ」といいます。不動産屋さんが駅前の小さな土地を買い占め、更地にしてデベロッパーに売却するのも同じ原理で、流動性を高めているのです。

では、M&Aで会社を買うときの判断材料にはどのようなものがあるのでしょうか。M&Aにおいて理想のパターンは、買収した瞬間から儲けが出るような形でしょう。

例えば、次のようなケースが理想的なM&Aの儲けのからくりです。

年間の利益が5億円出ていて、PER（株価収益率）が30倍の会社があるとします。この会社の時価総額は5億円×30倍で150億円と評価されます。この会社が、年間利益2億円でPERが15倍の会社（時価総額30億円）の会社を買収すると、新株30億円分を発行して資金調達する前提ならば、買収後の利益は40％増えます。つまり、株の希薄化が20％起こるのに対し、利益が20％増えるのです。言い方を変えれば、買った瞬間に1株当たりの利益（EPS）は15％以上増えているのです。

もちろん、これは上昇相場であることと、買い手のPERが売り手のPERよりも高いことが大前提ですし、理屈は上場企業だけでなく非上場企業でも同じです。さらに言えば、先述のレバレッジをかけるスキーム（LBO）も組み合わせれば莫大な利益を出すことも可能です。

こうしたことをシミュレーションし、買収した瞬間に成果が出るM＆Aが理想のパターンとされているのです。

いかがでしょうか？　やり方によっては巨額の利益を手にすることのできるM＆Aの仕組みや面白さが、少しでも伝わったでしょうか。

第7章

ある会社の買収＆売却劇

ホールディングス設立

ビジネスに関する知識や経営者に必要な資質について、自分なりに勉強し、咀嚼できたと思うようになった僕は、しっかりとした組織を構築し直し、もう1つ上のレベルに成長させることを目指すことにした。

買収してきたいくつかの会社の中には、税金の繰越欠損金を生じさせているところもあったので、上手にまとめられるところはまとめたほうが、税制上のメリットもあった。1つの会社を中心にして、ホールディングス体制に移行しようというのが僕の考えだった。

こうしたプロセスを経て、2011年、ティガラ株式会社を誕生させた。

社名のティガラは、中国のことわざである「虎に翼」から取っている。意味は、「もともと強い者や勢いのある者に、さらに威力が加わること」というものだ。これを元に、英語のtiger（虎）とala（翼）を結んでティガラとした。

こうして経営する会社がすべてティガラグループの下に収められる方向で、ホールディングス体制がとられていくようになる。ティガラグループは、M&A事業に加え、破綻事業の処理やストラクチャード・ファイナンスといった金融サービスを提供することを主な事業内容とすることにした。

顧客のほとんどが、事業再生や事業承継などの問題を抱えている会社や、クレジットが低く銀行から借り入れをするのが難しい会社、もしくは一般的なベンチャーキャピタルが足踏みするような投資判断の難しいベンチャー企業である。大手投資銀行からの金融サービスを受けたくても受けることができない企業に、革新的な金融サービスを提供することをグループ全体の目的とした。

コラム⑲ 起業とは非上場株式投資である

ここで、起業と投資に関する話をしてみます。

投資をする際には、「株式7割、不動産3割」、もしくは「債券2割、株式5割、不動産3割」といった具合にポートフォリオを組んでいきますが、この組み合わせ方を「アセットアロケーション」と呼びます。このアセットアロケーションの良し悪しが投資の成否に大きく影響するというのが基本的な考え方で、何に投資するのかではなく、投資のポートフォリオの組み方のほうがより重要なのです。

ところで、投資と言うと、株、債券、不動産の3つが主だったものとして紹介されることが多いのですが、これら以外にも「代替投資」と呼ばれるものがあり、非上場株やデリバティブ系商品が該当します。

これらの投資対象がある中で、起業家が行っているのは、非上場株式(自社)への投資だと考えられます。要するに、ポートフォリオの中で、自社の非上場株式を対象として資産運用をしているということなのです。ところが、こうした認識を持っている起業家はあまり多くありません。

起業家がポートフォリオを組む際は、すでにリスクの高い非上場株式に投資をしているのだという事実を忘れてはいけません。これを忘れると、銀行からの安易な借り入れによって不動産を所有するなどの行為に走り、自分のバランスシートを悪化させてしまいます。会社の財務分析だけでなく、個人のバランスシートも戦略的に考えておくことで、ダウンサイドリスクを軽減することができるかもしれません。

国内の非上場株を所有しているというリスクを少しでも軽減させたいのであれば、

海外資産への投資や、ドル建ての現金を持っておくことも考えるべきです。

起業というのは非上場株式投資であるという認識は、もっと広く共有されていいと思います。

ある社長との出会い

ホールディングス体制に移行してからすぐのこと、おつきあいのある銀行の支店長さんの依頼で、某企業の財務を見ることになった。

M&Aを本業にしてから、このような依頼は多い。財務を見せてもらいながら、出資やM&Aの提案をさせていただくのが僕のスタイルになっている。少ない時で2~3件。多い時だと5~6件、このような案件を僕は同時進行で進めている。

当初は少し話をするだけのつもりだったのだが、その後、話は徐々に広がっていき、僕はこの案件にどっぷりと関わることになっていく。

それを暗示するかのように、3回ほど会って話をした段階で、その会社が発行する新規株式を引き受けることを決めた僕は、2番目のシェアを持つ人物として財務部長を務めることになった。そしてそれ以後、僕が銀行とのやり取りなどを一手に担い、財政再建を図っていくという流れに発展していくのだった。

そもそも銀行側が僕に話を持ってきたのは、貸付をしていたその会社の様子が不透明になってきたことがきっかけだった。ビジネスを拡張させているわけでもないのに不自然な分社を繰り返し、そのたびに銀行からの借入金が増えていっているため、銀行側は不信感を募らせていた。

コンサルを請け負うと決めた僕は、当然のことだが、新規株式を購入する前にこの会社がどんな状況にあるのかを調べてみた。

すると、過去に安定した儲けを出してきたためか、社長が多業種にわたりビジネスを広げていたことがわかってきた。なんと関連会社が8社も存在し、それぞれが別々の業態で商売を行っていたのだ。

これらの業態の中で、本業ともいえるのが飲食チェーンだった。この飲食チェーンは関東圏を中心に21の店舗を展開しており、10店舗が直営、残りの11店舗がフランチャイズ店という状況だった。これら21の店舗はほぼすべて毎月黒字を出していたので、業績は決して悪くなかった。この飲食チェーンに可能性を感じたことが、僕が出資してまで組織再編を手伝うことを決めた最大の理由だった。

コンサルを引き受けることにした僕は、銀行の担当者と一緒にこの会社の社長に会うことになった。

約束の日時に銀行に向かうと、応接間にでっぷりとした白髪頭の中年の男性がリラックスした様子でソファーに腰かけているのが目に入ってきた。これが、その後長いつきあいになる社長だった。

社長の白髪頭はボサボサで、フレームの大きな眼鏡が一度見たら忘れがたい印象を残す。僕が応接間に入っていくと、人のよさそうな話し方であいさつをしてきた。ソファーから立ち上がった社長は、180センチはありそうなくらい背が高かった。

この日の面会を境に、僕は約3年にわたってこの会社の組織再編に奔走することになるのだった。

度を越した無駄遣い

内部の人間となって会社の状況をつぶさに見ていくと、会社の財務状況が悪化していった理由が徐々にわかってきた。主要因と言えるのは、社長がお金に対してとにかくいい加減であるということだった。

そもそもこの社長は、お金を無駄に使い過ぎていた。カジノなどで散々無駄遣いをしてきた以前の僕から見ても、度を越すほどの無駄遣いぶりだった。

まず社長の住まいだが、都内の六本木と熱海の2カ所に家を所有していた。都内に会社があるのだから、普通なら六本木が自宅で、熱海にあるのが別荘だろう。だが、社長は熱海の家が自宅で、六本木の家は別荘だと言う。そして、その妙な主張を裏付けるかのように、社長は毎日、車で熱海から都内の会社に出勤していた。

さらに無駄なのは、会社で事務の仕事をしている奥さんも、毎日車で出勤していることだった。しかも、社長とは別の車を運転して熱海から東京まで通っているのだ。熱海から東京まで車を運転するとなると、最短でも2時間はかかる。そこで僕は、

「毎日運転をしながら何をしているんですか?」と聞いてみた。すると社長は何食わぬ顔で、「それがさあ、あまりにも退屈だから、ケータイ通話用のイヤホンとマイクを買って、カミさんと話してるんだよ」と言うのだ。

当然ながら、社長と奥さんの移動費は会社から出ていた。これが毎日となると結構な額になる。運転をしながら奥さんと話をするぐらいなら、同じ車で行き来すればいいではないか。そうすればガソリン代や高速代を節約することができる。だが、それをする気はないようだった。

別の日に、平日は六本木の家に帰り、週末だけ熱海に戻ったほうが交通費の節約になるという話をしたこともあった。しかし、社長はこの話に耳を貸そうともしなかった。熱海は都内よりも暖かいので、どうしても熱海に帰りたいと言う。

無駄遣いはこれだけではなかった。都内に到着すると、会社の近くの契約駐車場に車を止め、都内での移動にはタクシーを使うのだ。

さらに、事あるごとに熱海に友人や知人を呼び寄せ、頻繁に会食をしていた。

「今日は一杯だけ飲んじゃいましょうかね?」

こんなことを言うと、最低でも数十万円するようなワインを気前よく開けていくのである。

熱海の家は豪邸と言ってよかった。居心地もよく、十分にリラックスできる家だった。ところが社長は、お隣の湯河原の高級旅館にしばしば泊まりに行く。そして、湯河原や熱海の温泉に飽きると、今度は「箱根に行こう」と言って出かけていくのだ。

一事が万事こんな調子なので、せっかくの会社の儲けは社長の〝経費〟として消えていっている状況だった。

税金の滞納

あるとき、さすがにこれでは会社が持たないと思った僕は、断固とした態度を見せる必要性を感じ、社長に経費削減を実行すると告げた。とにかく社長による経費の前借りが多いため、ここからメスを入れることにしたのだ。

困った様子の社長だったが、僕の本気度を察してくれたのか、「やっぱりオレ、使い過ぎだよね？」と自分でも認め、経費の前借りをやめてくれた。これで一安心したのだが、そう思った僕は浅はかだった。

社長は事の深刻さをまったく理解していなかった。後でばれることは少し考えればわかるはずなのに、陰でコーポレートカードを使いまくっていたのだ。前借りをやめた翌月分の請求額は、それまでの前借り分をはるかに上回るもので、社長の無駄遣いは少しも収まっていなかった。「現金がないからカードで払いました」と正直に申告してくる社長を見て「パンがなければお菓子を食べればいい」と言い放ったとされるフランス王妃を思い出した。

この社長は、「バブル時代の中小企業の経営者」を絵に描いたような人物だったが、やはり長年にわたって商売をしてきただけあり、ビジネスに対する理解やセンスに関してはそれなりに目を見張るものがあった。これまで立ち上げたビジネスでは失敗したものも多かったようだが、何年周期かで大当たりするものもあり、そうしたビジネスを続けていくことで安定的な利益を上げてきていたようだ。

実際のところ、飲食店ビジネスは毎月黒字を出しており、銀行口座にお金もしっかりと振り込まれてくるため、社長は自分の会社が傾いていていて倒産寸前だということを真剣に受け止めることができていなかったのだろう。

銀行口座に現金はあるし、財布の中にだって現金はある。その気になれば今から飲みに行くこともできるし、目先の金には困っていない——。社長はこんなふうに思っているようだった。事実、社長の意識が及ぶ狭い範囲だけを見れば、確かにお金はある状況だったので、危機感を抱くことができていなかった。

だが、社長のいい加減さはビジネスを継続させていく上では致命的な欠点だった。結局それが仇となり、すでにこの会社は決定的な打撃を受けていたのだった。

その打撃とは、税金の滞納だった。財務や税務に関する知識がすっぽりと抜けている社長には、決められたルールに則って適正な税金を払うという意識がなかった。意図的に脱税をするつもりはなかったようだが、5年前に税務調査が入ったときに徹底的に調べられ、合計1億7000万円もの追徴課税をされていた。それ以降、どうにか支払いを続けてはいるのだが、まだ未納分が残っているとのことだった。当時、税務署から即納するよう強く言われ、7000万円は知り合いからかき集めて納付し、残りは分納することになったらしいが、延滞税の利息も高く、当時の借金も完済はできておらず、この税金問題が社長の会社を瀕死の状態にしていた。

社長自身の税務署対応にも大いに問題があった。経費として計上した出費が認められないと判定された場合、慣れている人であれば「こういう理由があって会社の営業活動としてどうしても必要だったんです」と丁寧に説明し、どうにか経費として認めてもらおうと努力する。実際、こうすることで、経費として認めてくれる場合も多いのだ。

ところが、社長はそういった説明が一切できない人だった。理路整然と説明ができないと、すぐに「すみませんでした」と言って頭を下げ、向こうの主張を認めてしまうところがあった。

会社を経営していく上で、税金の滞納があると非常に困ることになる。まず、納税証明書を出すことができないので、銀行からお金を貸してもらうことが難しくなる。こういう状況にもかかわらず、多角的に事業展開をするのが好きな社長は、新たにカラオケ屋をオープンすることを画策したり、別の飲食店を始めようとしたりと、とにかくいろいろと店を出したがった。

会社が8社にまで増えていったのも、誰かから知恵をつけてもらったのか、銀行からお金を借りるための方策のひとつだった。新たな会社を設立し、そちらに売り上げを集中させれば、税金の滞納もないのでお金を借りることができる。この仕組みを使うために、会社の数が増えていったのだ。

黒字の会社からお金を融通し、赤字の会社に補てんするということを繰り返しているので、一見するとお金はうまく回っているようだが、実際は各社が少しずつ利益を出しているように帳簿を整理したほうが税率は低くなる。だが、うまくいっている会社は大きな黒字を出し、調子のよくない会社は赤字をずっとため込みっぱなしという状況を放置していた。これだと税金控除の適用を各社まんべんなく効率的に受けることができず、結果的により多くの税金を納めなくてはならなくなってしまう。

資金投入をしたからには、こうした非効率な部分は徹底的に正していくつもりだった。

社長の会社を買収

社長の経費を減らすだけでは十分ではないので、僕は大ナタを振るうことにした。まずは社長を含めた役員たちの報酬を半分以上カットした。

次に、各所に分散しているいくつかの事務所を閉鎖し、家賃の負担を軽くしていった。社長の車を駐車するスペースも含め、会社では六本木や渋谷など4カ所に駐車場を借りていたのだが、それもすぐに解約した。場所が場所だけに、駐車場といってもかなりの金額になる。今後は、拠点を都内に移してもらい、高速道路代や駐車場代、ガソリン代などの経費も削減してもらうことにした。他の役員たちがタクシーで出社するのもやめてもらった。

目に見えるところから経費削減をはじめ、次に滞納している税金についてもメスを入れていった。以前に話をしたとき、社長は「毎月ちゃんと払ってるよ」と言っていたが、本来税金は即納が原則であって、毎月払ってるとかそういう話ではない。仮にそうだとしても、何かしら書面で残っているはずだが、その書面の存在を聞いても、覚えていないと言う。「じゃあ、いくらくらい払っているんですか?」と尋ねても、社長は「すぐにはわからないんだけど」という言い逃れをしてきていた。

あるとき、僕は滞納についてもクリアにしておこうと決心し、社長を説得してしっかりと調べてみることにした。そこまでしてわかったのは、7000万円を納めた後は、合計で20万円ほどしか払っていないということだった。

「社長、払ってるって言ってたけど、全然払ってないじゃないですか！　これ、いつか絶対に問題になりますよ！」

呆れかえった僕は、強い調子で社長に詰め寄った。だが社長は、あっけらかんとしたものだった。

「あれ？　払っていなかったかな……。おかしいなあ」

結局、会社には延滞税、重加算税を合わせるとごっそり1億円以上の滞納税金が残っていたのである。

これはあまりよくない状況だなと考えていると、悪いことに予感は的中し、ある日、国税から電話がかかってきた。

「滞納分が一向に払われないようですから、明後日そちらに差し押さえに行きます」

かなりまずいことになったと思った僕は、自分のお金を新たに貸し付けて、その場をどうにかしのぐために滞納分を支払った。これにより、差し押さえを防ぐことができたのだった。

試練はそれだけではなかった。国税から電話があったその日、税務署からも電話がかかってきた。新たに税務調査を行うという話が同時に進んでいたのだった。前回の調査からちょうど5年。前回調査で1億7000万円の追徴課税が発生したこともあり、税務署側からは「またあら探しをしてやる」という意気込みが感じられた。

これにほとほと嫌気がさしたのが社長だった。前回の調査で根掘り葉掘りいろいろと聞かれた末に税金をごっそりと持っていかれたことがトラウマになっているらしく、もう二度と同じ経験はしたくないと言い出したのだ。そして、税務調査には一切関わりたくないので、会社を丸ごと買い取ってくれないかという話にまで発展していった。

社長が会社を売りたいと相談を持ち掛けてきた裏には、税務調査以外の理由もあった。実は、社長は自分の息子に会社を継がせようとしていたのだが、その計画が狂ってしまったのだ。

社長の息子は子どものころから成績がよく、東京大学に進学していた。最初のころは卒業したら跡を継ぐと言っていたらしい。ところが、大学3年になって周囲が就職活動を始めるのを見ているうちに、自分も外資系のコンサル会社に入ってみたくなったようで、「家業は継がない」と言い出したとのことだった。そうした事情もあって、社長は会社の売却を決めたと言う。

それにしても突然過ぎる話だった。社長は税務署の調査が始まる前に買い取ってほしいと希望しており、急なことを考慮に入れて安い値段でもいいから売りたいと意思表示してきた。

元々はマイノリティでの出資だけに留まるつもりだったが、急きょ買収という話にまで膨らんでしまった。どうするか、じっくりとまでは考える余裕はなかったが、ビジネスとして考えた場合、悪い話ではないと判断し、社長のオファーを受けることにした。

この会社の規模からすると、おおよそ年間営業利益の4年分弱くらいの値段であれば、買収額として妥当だと思われた。そうした目算のもと、社長との8時間にわたる交渉を経て、最終的にはその日のうちに、2億円という価格で株式を100%取得することになったのだった。

次から次へと降ってくる問題

目まぐるしい速さで買収の契約を結ぶと、いよいよ税務署による調査を受け入れることになった。

税務調査の対象となったのは、21の店舗を展開している飲食チェーンを運営する会社だった。出店エリアが広範囲にわたっているため、9カ所の税務署による合同調査という形になったようで、特別情報調査官という肩書の職員を筆頭に合計33人もの税務職員がやってきた。かなり気合を入れているのは一目瞭然だった。

33人を相手にするのかと考えると気が重くなったが、ここで踏ん張らないと再び多額の追徴課税を受ける可能性があるため、うまく対処していかなければならない。

幸い、税理士事務所に出資をしていた関係もあって税理士の知り合いは多かった。しかも、普段から税務調査用のためだけにおつきあいしている税理士事務所もあるので、そこに所属する4人の税理士に応援をお願いすることにした。この税理士事務所は国税庁のOBだけで構成されており、税務署対応のプロと言ってよかった。

こうして税務調査が始まったのだが、いつになっても終わりが見えず、結局すべてが終わったのは半年後のことだった。

当初、税務署側は追徴課税として3500万円ほどの支払いを命じてきたのだが、ここから延々と交渉が繰り広げられ、最終的には40万円の税金を納めることでなんとか調査を終えることができた。

当面の税金の問題を解消できたまではよかったが、問題はそれだけではなかった。次に浮上してきたのが、契約書問題だった。

社長が展開してきた飲食チェーンは、すでに述べたように直営10店舗のほかにフランチャイズ店が11店舗あった。

ところが、これらフランチャイズ店側と会社側は、正式な契約書を作成していなかった。これはすでに社長から聞いていたことではあったが、自分の会社になった今、いざ整理してみるとなるとにかく面倒な問題で、頭を抱えたくなってしまうほどだった。

僕のビジネスのスタイルは、買収した会社のいいところを最大限伸ばしていき、数年経ったら売るというものだ。つまり、将来的にこの会社を売却することも視野に入れている。その際、フランチャイズ契約をしている店舗との間に契約書が存在しないという訳のわからない問題を抱えているとなれば、こちらの望むような額で買収してくれる相手は見つからないだろう。そういう事情もあり、今のような形はどうしても変えていく必要があった。

それにしても、書面での契約を交わしていないフランチャイザーとフランチャイジーという関係はまともに機能し得るのだろうか。当初はこの事実を信じることができなかったのだが、会社の口座を確認すると、11店舗のフランチャイズ店は毎月決められたフランチャイズ料を払っているのだった。完全に性善説に基づいたビジネスだ。

確かに社長の時代は相手オーナーとの口約束だけで関係を維持できたのだろうが、新オーナーの僕としては、このままの状態にしておくわけにはいかなかった。そこで、フランチャイズ各店にオーナーが変わったことを伝えるのと同時に、新しい契約を取り交わすことを提案した。

ところが、これがスムーズにいかず苦労した。新しい契約書にサインをすることに難色を示す店が半数以上もあったのだ。

その理由は、契約書を作成すると口頭ではうやむやになったままの各種条件などが明記されてしまうからだった。事実、契約を結ぶとなれば、閉店する場合のペナルティや、フランチャイジーとしてやってはいけない行為などについて細かなルールが設定される。こうした四角四面な取り決めを交わすことを嫌がるオーナーが多かったのだ。

そこで僕は、反対する店のオーナーのところに社員を送り、1店ごとに丁寧に説明させた。すると、様々な反応が先方から返ってくる結果になった。

「前の社長とは10年以上のつきあいがあって、契約書なんかなくても問題はなかったんだ。今さらおたくと新しい契約を結ぶつもりはないよ」

「確かにフランチャイズ契約をしているけど、看板貸してもらう以外、本部から何か経営について特別なことをしてもらったことはないじゃないか」

「昔は広告を出してくれたけど、最近は全然出してくれてないよね。それなのにいきなり本部ヅラされても困るよ」

こんな話がどんどん噴出し、話は余計に面倒になっていくのだった。

こうした声に耳を傾けながら説明を繰り返し、時間をかけてどうにか契約を結び直してもらう努力をした。また、どうしても結べないと言う相手に対しては、店ごと買い取らせてもらうことにして直営店を増やしていった。

裁判沙汰にまでなったトラブル

再契約か、店舗買い取りかのどちらかの方向でほとんどの交渉は進んでいったのだが、ある1店舗に関してはどうしても折り合いがつかなかった。これが後に、裁判にまで発展することになっていくのだった。

この店舗は、表面上は、この会社の元顧問税理士だった人がオーナーとなっていた。この税理士との間で問題が大きくなっていった原因は、開店時のいきさつにあった。飲食チェーンを始める前からこの税理士とつきあいのあった社長は、その税理士からお金を借りて店をオープンさせていた。この時、お金を借りる条件として、その税理士の名義で店をオープンさせられていたのだ。

しかも、社長はかなり不利な契約を結ばせられていた。内容も、お互いで話し合って作られたものではなく、その税理士が一方的に社長に結ばせたものであり、実態とも異なっていた。

もちろん、判子を押した人間の責任というものがあるから、社長に非がないわけではない。しかし、社長はお金を借りる身で、相手が作ってきた契約書に対してケチをつけるなんて無礼だという気持ちだったらしい。仮にも自分の顧問税理士の立場の先生が、そんなおかしなことをするわけがないと安易に考えてもいたようだ。

当時の経理部長などは疑問に思ったことはあるようだったが、税金の兼ね合いでこういう契約書を作っておいた方がお互いに有利だという話をされて丸め込まれてしまっていた。そのため、株の名義は税理士になっているままで、店を存続させてきていたのだった。結局、僕がオーナーになって新しい契約を巻きなおす段階になってそれまでのうやむやな関係があぶりだされていき、最終的には店舗の所有権を巡る訴訟にまで至ってしまうのだ。

この裁判は、中小企業同士が争うものとしてはかなり大掛かりなものとなっていった。こちらが請求した訴額は1億5000万円。一方、相手の訴額は2億5000万円にまで膨れ上がり、合計の訴額は4億円にものぼった。15年以上前の契約にまでさかのぼり、そこから何度も何度も契約が巻かれ、株主や役員も何度も変更しているため、僕自身だけでなく裁判官たちですら理解するのに非常に時間がかかった。気づいたら単独事件から合議体に格上げされていた。

店をオープンさせてからというもの、実情としては税理士が経営にタッチすることはなく、店の運営はもちろん社長が行っていた。ただ、建前は、税理士が名義上オーナーとなっている会社の雇われ社長という形だった。

毎月の税理士への返済は、税理士の親族数名に役員報酬という名目で行われていた。ところが、これだと税理士に返済した後の店の利益が税理士名義の会社に残ってしまうため、社長はそれを〝フランチャイズ料〟として自分の本体の会社に送金していた。

ところが、この話が社長の予想もしない方向へと捻じ曲げられていく。約束の返済が終わり、株を返してもらおうとしても、税理士がそれに応じてくれないのだ。

それどころか、税理士は店を運営しているのは元々自分の会社だと主張し始めた。しかも、毎月のフランチャイズ料は不当だとも言い始め、社長の解任まで要求し始める。要は、儲かっている社長の店を、そっくりそのまま自分のものにしてやろうと動き出したのだ。

　こうした経緯を踏まえ、こちら側は、「開店当時に借りたお金を返済するために、長年にわたって〝役員報酬〟という名目でお金を返してきたが、利息制限法をはるかに超える利率が課せられているから払い過ぎた分を返してくれ。また、担保として株券を渡しているが、返済は終わっているのだから株券を返してほしい」という理屈で、相手に過払い金の返還と株券の返還を求めた。

　一方、税理士側は「長年〝フランチャイズ料〟という名の不当なお金を社長にこっそり横流しされていた。その損害を賠償せよ」と主張し、株主代表訴訟を会社と社長個人に連名で行ってきた。

　もちろん、こんな話は相手の税理士のでっち上げである。この話を社長の立場で考えると、自分の店ののれんを無料で貸し出し、無給で雇われ社長として働き、店に来たこともない税理士の親族に年間２０００万円以上もの役員報酬を15年以上払っていることになる。いくら人のよい社長といえども、ここまでお人よしではない。

　当然、借入金と利息の支払いが終われば株式が返還されて正式に自分の店になり、もう返済はしなくてよくなると思っているから出店したのである。

それはそうとして、裁判に発展しなかったら社長はどうするつもりだったのか不思議に思って聞いてみた。それに、そもそも社長としてはいくら返済したら終わりのつもりだったのだろうかということも個人的に気になっていた。

「もともとは借りた金額を3倍にして返す話だったんですよ。でも、とっくに3倍払ってることは10年くらい前に気づいてましたよ。私もどんぶり勘定とはいえ、計算はしてますからね。10年くらい前に、税理士に、もう終わりにしてくれって話をしに行ったんですよ。そしたら『私は体が悪くてもう税理士としての仕事はできないから、私が死ぬまでは親族に払ってやってくれ。もう2年もしたら私は死ぬんだよ』と言われてしまって……。まあ、恩もあるし、あと2年だったらと思って。そしたらもう10年経ってますからね。税理士より俺のほうが早く死にそうですよ」

社長はそう言っていた。

どこまでも人のよい社長に付け込んだ、悪どい交渉術だった。それだけではない。その税理士のことを調べていると様々な事実が発覚してきた。そもそも彼は、税理士の資格は一応持っているのだが、税理士の仕事なんてまったくしていなかった。それどころか、出資やら貸付やら何かと理由をつけて、店や会社を乗っ取ることを生業にしている事件屋だったのだ。

裁判が始まるまでの間にも、その税理士に雇われたチンピラのような男たちが代わる代わる店に嫌がらせをしに来た。さらに、社長のもとにも脅迫めいた手紙や電話が頻繁に来るようになった。今だったら、6000万円払って店を空け渡せば、和解でいいという連絡だった。

社長の心は、その税理士の嫌がらせにより何度も折れかけた。その度に僕は社長を説得した。確かに裁判で負けるリスクもあった。もし完敗したら、支払いは6000万円どころではない。いくら自分が正しくても、損害を少なくして引くところは引いてしまうのも選択肢の1つだ。

しかも、株主代表訴訟は会社法上強い。こちらの理論は過払い金還付請求であり、ましてこのような会社の株を譲渡担保するようなケースは判例もほとんどなかったため、相手の主張と比べると弱いものだった。

それに加えて、裁判が行われることになると、証人尋問で社長に出廷してもらう必要もある。これが本当に厄介なことで、最も僕の頭を悩ましたものだった。なにせ社長は根っからのいい加減男である。今さら十数年前の契約の経緯を聞いても詳しいことがわかるとは思えなかった。逆に、税理士のほうはあることないこと流暢に話すのもお手の物だろう。社長の不利は明白だった。

実際、裁判に至るまでの相手とのやり取りの中で、何度も社長に事情を聞いたのだが、そのたびに社長は「いやぁ、覚えてないな」とか「申し訳ないけど、本当に記憶がないんだよ」という言葉を何十回も繰り返すだけだった。

こんな調子なので、社長が証人として出廷した際、相手の弁護士から反対尋問をされたら、相手を有利にさせてしまうような発言をしてしまう危険性が高かった。そこで僕は、マレーシアにいた社長に、裁判の予行練習をするために急きょ日本に戻ってきてもらうことにした。

弁護士たちは勝率はかなり低いと見込んでいたようだが、僕は勝てる確率は高いと思っていた。なぜかというと、店舗の経営にタッチしていない税理士の親族たちに毎月高額な役員報酬を出すことは、店舗が儲かっても損しても、要は社長が一定の支払いをすることに他ならない。

事実、赤字になった年も社長からその会社にお金を貸し付けて、役員報酬の支払いをしている証拠もあった。また、その会社の決算申告はその税理士がやっていた。15回以上も決算申告書を作成したにもかかわらず、毎月のフランチャイズ料の支払いを見落とし続けたという主張は無理があると思っていた。

ほかにも、細かい箇所で相手の主張には矛盾点がいくつもあった。長丁場の戦いになるかもしれないが、細かく細かく矛盾点を突いていけば、最終的に裁判官の心証はこちらに傾くと思っていた。あとは証人尋問で絶対にミスをしないことだ。

仕事をしていく上で、このような「戦い」は何度かある。「戦い」は運の要素が大きいため、毎回毎回勝利するなんてことは不可能だ。しかし、どうしてもここで勝ちたいというところはある。そういう大きな勝負どころで勝てるかどうかで、社の命運が決まることだってあるのだ。今回は、まさしくそのような戦いだった。

それだけではない。僕が裁判を先導したことによってもし大敗を喫したら、裁判をせずに早めに向こうの言いなりになっておいたほうがよかったという結果にもなってしまう。また、社長個人に対しても裁判は起こされているので、社長のダメージも大きい。

裁判の舵を取る責任の重みを充分に噛みしめながら、僕は準備書面の作成を行った。

裁判に勝つためのスパルタ特訓

普段の生活では肝の据わったところを見せる社長だったが、公的な組織が相手となると、どうも空回りしてしまう傾向があった。裁判所からの手紙で、自分の名前の前に「被告」とついているのを見て、自分は捕まってしまうかもしれないと的外れな心配をしていた。法廷で裁判官と弁護士の前に立つとなれば、極度にあがってしまい、とんちんかんなことを言い出すことになるはずだ。こうした事態を避けるためにも、練習だけは完璧にしておきたかった。

社長が日本に戻ってくると、さっそく練習をスタートさせた。相手の弁護士から意地の悪い質問をされたときに、しっかりと返答ができないと結果が大きく変わることがある。こうした事態を避けるための練習だった。

法廷で行われる弁護士の質問には、主尋問と反対尋問があり、主尋問は味方の弁護士が質問し、反対尋問は相手側の弁護士によってなされていく。この2つのうち、重要なのは、意外かもしれないが主尋問のほうだ。裁判になると緊張してうまく話ができなくなってしまったり、突然それまでの打ち合わせとは全然違うことを言ってしまったりする人が多いからだ。

もちろん、反対尋問でしっかりと相手の弁護士を言い負かせればよいのだが、素人が弁護士をなかなか言い負かせられるものではないし、相手がどんな質問をしてくるかを予想するのも難しい。むしろ、主尋問でミスをすると致命傷になるため、主尋問の練習に力を入れるのが弁護士たちの基本戦略だ。

しかし、僕はどちらの質問に対する練習もおろそかにしたくなかった。そこで、社長に対するスパルタ特訓が始まった。

実際に練習してみると、僕が思ったとおり、社長はうまくしゃべることができなかった。当初は、係争となっている自分の店の名前さえも言い間違える始末だった。こんなことでは絶対に心証を悪くするので、何度も繰り返して練習してもらった。

こちらはこちらで想定問答集を作り、本番さながらに社長に質問を投げかけていった。問答集を社長に渡し、穴埋め式になった問題に回答してもらった。さらには、正しい答弁を記憶できるように、写経のように書き写す作業を頼んだりもした。

1回の練習時間は3時間に及んだ。練習が進んでいくにつれ、理路整然としゃべるのが得意ではない社長が答弁の内容を文章で覚えても、それを口頭で再現するのは難しいと思うようになった。しかも、文章で暗記しても、覚えたことを正確に喋ろうとするためどうしても棒読みのようになってしまう。そこで、社長が口にしやすそうな言葉を選んで模範答弁を作成し、それをボイスレコーダーに自分の声で録音してもらった。暇さえあればそれを聞いてもらって、体にしみこませようとしたのだ。

練習はこれだけに留まらなかった。この事件を担当している弁護士以外の弁護士に頼んで意地悪な質問を社長に投げかけてもらい、そのやり取りを書き起こしたものをチェックしながら、「社長、この質問でこう答えていますけど、そうすると次の質問で別のことを掘り返されたりしますから、代わりにこう答えてください」といった念の入れ方で答弁の仕方を教え込んでいった。

初対面の弁護士に意地悪な質問をされるという経験を積ませたかったため、相手側の弁護士と近い年齢の弁護士や司法書士の方にも時間を空けてもらい、社長の練習を手伝ってもらった。1回3時間の練習は、合計で50回は行ったはずだ。

本番で緊張しないように、社長を実際に裁判所に連れて行き、他の裁判を傍聴してもらったこともあった。社長だけでなく、旧社時代の経理部長なども証人尋問に呼ばれていたので、彼らにも同じような練習をしてもらった。

こうした裁判対応のノウハウは、それまでに経済案件でのいくつかの裁判を通して自分なりに学んでいったものだった。こうした地道な練習と準備を重ね、僕たちは裁判に臨んだのだ。

裁判が始まる前、僕は社長に聞いたことがあった。

「社長、この裁判、もしも全部負けたらどうするつもりですか?」

社長は個人としても訴えられており、もしも敗訴したら多額のお金を払わなければならない立場に立たされていた。

「いやあ、それはさすがに困りますね。でも負けたらしょうがない、あとは首を吊るだけですよ、ハッハッハ！」

言っていることはかなり深刻だが、その声のトーンはいたって明るいものだった。この様子を見て、この社長はどこまでも楽観的でノー天気な人なのだと改めて実感した。そんな中、通常3か4で終わる準備書面は、19まで進んでいた。

裁判当日も万全を尽くした。当日は朝9時から夕方4時まで証人尋問が行われたのだが、相手の証人尋問のほうが先に行われることが決まっていたため、僕らは近くにあるパレスホテルの会議室を押さえて、作戦会議室としていた。

何を行うかというと、傍聴席に僕の会社のスタッフを座らせておき、相手の主尋問でこちらが想定していない内容の質問が少しでも出てきたら、それをメールでこちらに送信させていたのだ。

相手の主尋問の内容は、相手が特に主張したいポイントとなるため、反対尋問でもそれに沿って質問がなされる可能性が高い。当日、社長の出番は14時だったが、疲れすぎないように適度に休憩を入れながらも、着々と最後の仕上げを行っていた。

僕は、良い結果を出すのが難しい反対尋問でこそ、社長にホームランを打たせたかった。社長には、この日のために練り上げた30秒ほどのとっておきのスピーチを２つ用意させていて、これを主尋問ではなく、あえて反対尋問でぶつける予定だった。ただ、相手の質問の大まかな予想はできても、相手がその質問をしてくれるかどうか、また社長がその質問だと気がつくかどうかは別問題だ。練習の成果が試される時だった。

結果として社長は完璧に振る舞った。後にも先にも、社長がこんなに完璧に受け答えをすることはないのではないかと思っている。僕たちの裁判対策は見事に功を奏したのである。反対尋問でも社長は見事なホームランを放った。

その日の終わり、裁判官たちとの面談があった。そこでは、このまま裁判が結審まで進むと、僕たちの側の請求が認められることになるだろうとの趣旨が述べられた。この見込みを考慮し、双方が和解の道を選ぶことを促すのが裁判所の目的だった。

これが決定打となり、相手は態度を軟化させた。その結果、店舗をこちら側のものと認めさせ、その代わりに訴額の請求はしないという条件で和解を成立させることができた。僕にとっては実に納得のいく落としどころだった。

そして売却へ

裁判が終わるまで約2年半かかったが、裁判中も不採算事業からの撤退や売却、コスト削減などを推し進めていった。

その結果、この会社の売り上げは半分にまで減少することになったが、コスト削減と効率化に成功し、コスト削減金額は7000万円を達成、営業利益は5倍に膨れ上がっていた。

財務状態も健全な企業と呼べるレベルになっており、裁判も終わったため、当初の予定通り、この会社を売却した。売却先は同業他社に決まり、2億円で買った会社は

5億円で売却できた。こちらの飲食チェーンは関東圏をメインに展開していたが、相手は関西圏でこちらの1・5倍くらいの規模で展開している会社だった。先方はちょうど関東圏に進出したいと考えていたようで、お互いの思惑がうまく重なった。

僕の仕事は、M&Aである。どういう仕事かというと、会社を仕入れて、加工して、仕入れ値よりも高い値段で売却する仕事である。そうなると、M&Aの仕事は加工する過程に付加価値が出てくることになる。どのように付加価値を付けるかは、会社によって千差万別である。今回の飲食店のように、抱えている問題を解決することによって非上場株式の流動性を高める付加価値の付け方もあれば、成長過程の会社において資金や成長のためのリソースを提供し、しっかりと成長させることも付加価値の付け方のひとつだ。

世の中に同じ会社は2つとなく、似ているようでも会社ごとに価値の高め方は異なる。同じ手法で同じ結果が出るものは1つとして存在しない。

ただ、どのケースでも僕のやり方で共通しているのは、その会社が持っているポテンシャルを最大限引き出すことで会社の価値を高めている、ということだ。

僕は、飲食業で30年やってきた社長に、飲食業のノウハウで勝てるなんて到底思えない。だから、経営方針や重要なところは極力変えない。その社長の才能が、会社のどこに潜んでいるかを探りながら、その才能をできるだけ引き出すように心がけている。

この、会社に埋もれている才能を発掘するのは思いのほか難しい。前のオーナーさんからも会社の強みについてはしっかりと説明を受けるのだが、会社の強みというのは1つの要素だけで決まるものではない。

いくつかの要素や時代背景が複雑に絡み合ってできているため、オーナーさん本人でも気がついていないことは多い。そもそも会社経営は蓋然性の高いものであるため、結果を見ながら理屈を解明しようとしてもうまくいかないものなのだ。

会社を買収してから、実務を通して、その会社のいろいろな姿が見えてくる。財務や法務のデューデリジェンスでは見ることのできない、会社の生身の部分だ。

そんな時、僕は前のオーナーさんと対話しているような気になることがある。前のオーナーさんのノウハウや創意工夫を、M&Aの機会に肌で感じることが、どんな本を読むよりも勉強になっている。経営の一番効率のいい勉強法は、良い会社のM&Aをすることじゃないかとも思っている。

そして、M&Aの醍醐味となるのが、買い手への橋渡しだ。会社経営は意思決定のゲームだと僕は考えているが、なかでもM&Aに関する意思決定の重要度は、売り手も買い手も大変高いものになる。

売却側からすると、買い手と統合することによって新たな事業展開が始まる。そこで働くスタッフにとっては新たな活躍のチャンスが広がることにもなる。

買い手にしても影響は大きい。特に社の命運を賭けたようなM&Aの場合、統合してから最初の数カ月は一時も気が抜けない。

僕はM&Aを行うとき、いつも買い手を具体的にイメージしながら買収を行う。買い手はもちろん、その会社のことをその時点では魅力的に捉えていないし、もしかしたら存在さえ知らないかもしれない。

数年間、僕のもとで過ごした会社のポテンシャルに買い手が気づいたとき、買い手も僕（売り手）も、統合の激務とともに新たな物語が始まることになる。

何か新しいことが始まる期待感の真っただ中に入れる今の仕事が、すごく好きだ。

数カ月間の激務の間は、買い手からも会社からもひっきりなしに連絡がくる。

だが、時間がたって統合が完了してくると、だんだんと僕のもとには連絡がこなくなり、ある時を境にぱったりと連絡は途絶えてしまう。

もうこの案件は自分の手を完全に離れてしまったんだなと毎回寂しくなるが、この寂しさは、僕にとっては次の始まりの合図でもあるのだ。

おわりに

オマケの話ではあるが、裁判で見事に振る舞った社長が今、何をしているかを報告しておこう。

社長は、裁判官たちとの話し合いには参加しなかった。疲れたから帰ると言って、そのまま帰ってしまったのである。

もちろん、その日のうちに決着がついたわけではなく、相手方とは和解調書の作成に向けて1か月以上やり取りが続いた。

裁判所へもその後4回足を運んだ。最後の最後まで税理士は微妙な抵抗を繰り返していたが、年末ぎりぎりに和解調書は作成され、無事裁判は終わった。だが、年末年始に差し掛かってしまい、社長には連絡ができなかった。

年が明けてからは、以前から取り掛かっていた海外の企業のM＆A案件が2つほどあり、僕が忙しい時期に入ってしまっていた。ニューヨークと香港を行き来していたため、社長とは連絡を取り合う時間がなかった。社長からも連絡があるだろうと思って待っていた部分もあるのだが、連絡は一向に来なかった。

社長は裁判の結果は気にならないのだろうかと不思議だったが、和解調書の控えも渡さなければいけないので、結局僕から社長に連絡を取り、六本木フィオレンティーナのテラス席で会うことになった。

「社長、こちら裁判の和解調書になります」と言って和解調書を渡したが、社長は怪訝そうな顔をしている。

「社長、このまえ裁判あったじゃないですか。あれの和解調書なんですが……」と説明すると、「あぁ、あれ？　あの裁判、まだ終わってなかったんだ！　あの日でもう終わったのかと思ってた」と言い出す始末だ。

現在、社長は日本の着物をリサイクルして洋服やドレスにしたものを販売する会社を経営しているとのことだった。しかも市場は日本ではなく、中国に進出したらしい。すでに現地の百貨店でいくつかの店舗をオープンしているそうで、社長も社長で忙しかったようだ。

60歳を過ぎている社長だが、引退など考えず、まだまだこれからもビジネスを続けていくつもりなのだろう。またいつか仕事で一緒になる機会もあるかもしれない。こういう人と人とのつながりが、起業を通して僕が得ている宝物だ。

この本を執筆するにあたり、十数年ぶりに改めて『金持ち父さん　貧乏父さん』を読み直してみた。読んでいる最中、登場人物である「貧乏父さん」と自分の父をかぶらせていたことを思い出した。

心の中で「貧乏父さん」なんてあだ名をつけていたが、家を飛び出すように出て行ってしまった息子の僕が、失敗して一時期実家に戻ったときも、父は温かく迎え入れてくれた。貧乏父さんが毎月働いて稼いでくれる安定した収入がなければ、今の自分はなかった。そして、その貧乏父さんは、実は今、会社を早期退職して起業している。本当は昔から起業したい気持ちがあったのかもしれない。今思えば、そんな気配はちょくちょく感じていた。僕が成人して独り立ちするまで、自分の起業の夢は封印して、家庭に安定した収入を入れる道を選んでいたのだとしたら、父を貧乏父さんなんてバカにして、自分の欲望のままに起業していった僕はなんて器が小さかったのだろう。

執筆にあたり、営業部長ともいろいろ話をした。彼もかなりの成長をした。いつのまにかギャンブルもやめ、たばこもやめて、グループ内子会社の代表取締役となっている。ただ、詐欺師の会長のことを話していたら、彼が「あのパスタ店だけは会長がオーナーだ」といまだに信じていて呆れた。この調子だと、また会長みたいな人を紹介してくる可能性は否定できない。

それにしても、こんな僕に10年以上もよくついてきてくれている。ありがたい。

そして、妻。僕の健康状態やモチベーション管理はすべて妻のおかげだ。6時前には起きていると豪語している僕は、目覚まし時計では起きることができないほど眠りが深く、実は妻に起こしてもらっているだけに過ぎない。仕事に波があった頃は、クリスマスに8000円のヘアピンしか買ってあげることができなかったこともある。そんな僕を信じてずっとついてきてくれて、本当に感謝している。

経営者は孤独だと言われるが、会社経営に理解もあり、何でも相談できる妻の存在のおかげで、僕は孤独を感じずにこれまでやってこられている。

最後に、山下。彼は、僕の人生に大きなきっかけを2つくれた。1つは、起業のきっかけ。あの日、空港でばったり一緒にならなかったら、僕はもしかしたら『金持ち父さん 貧乏父さん』を読む気にもならず、そうしたら、起業していないかもしれない。2つめ。妻を僕と引き合わせてくれたのは彼だ。自分の人生に、こんなに大きなきっかけを2つも与えてくれて、深く感謝している。

他にも多くて書き切れないが、これまで出会ってきた全ての人々にお礼を申し上げたい。

二〇一六年二月

正田 圭

［著者］
正田 圭 KEI MASADA

1986年奈良県生まれ。15歳で起業。インターネット事業を売却後、未公開企業同士のM&Aサービスを展開。事業再生の計画策定や金融機関との交渉、企業価値評価業務に従事。現在は、自身が代表を務めるティガラグループにて、ストラクチャードファイナンスや企業グループ内の再編サービスを提供。その他、複数の企業の社外取締役やアドバイザリーを務め、出資も行っている。

15歳《さい》で起業《きぎょう》したぼくが社長《しゃちょう》になって学《まな》んだこと

2016年3月30日　初版発行

著　　者　正田 圭
発 行 者　小林圭太
発 行 所　株式会社CCCメディアハウス
〒153-8541　東京都目黒区目黒1丁目24番12号
電話　03-5436-5721（販売）
03-5436-5735（編集）
http://books.cccmh.co.jp
印刷・製本　大日本印刷株式会社

ISBN978-4-484-16207-2